Carol Klesow: **AURAJIN**

AURA-SOMA und
die Energiepunkte des Körpers

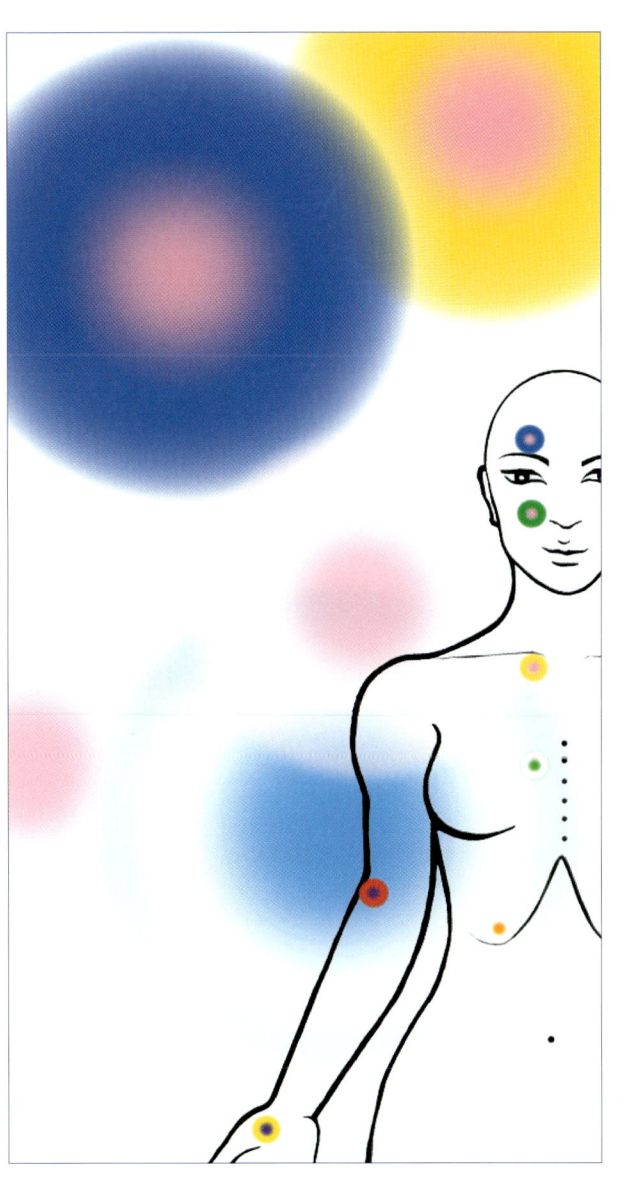

Carol Klesow

AURAJIN

AURA-SOMA UND DIE

ENERGIEPUNKTE

DES KÖRPERS

Aquamarin Verlag

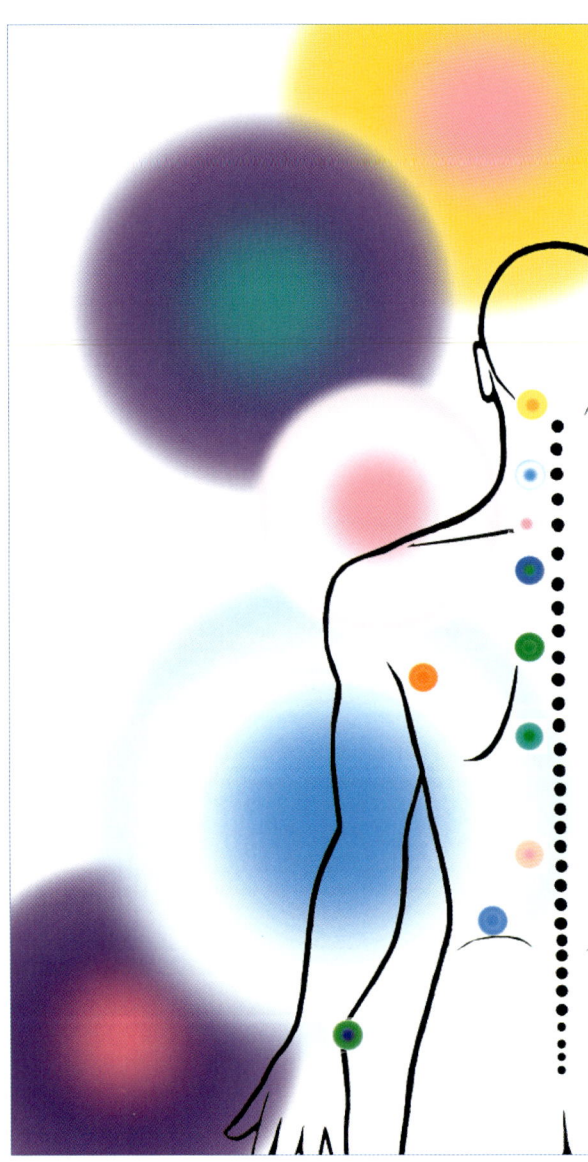

IMPRESSUM

1. Auflage 2001
Titel der englischen Originalausgabe:
Aurajin – Recognizing spirit in matter
© Carol Klesow

© der deutschen Ausgabe
Aquamarin Verlag
Voglherd 1 • D-85567 Grafing

Übersetzung aus dem Englischen:
Karl Friedrich Hörner

Photos: © Ralf Blechschmidt
Illustrationen von Phyllis Mahon
Gestaltung: Annette Wagner

Gedruckt in Leipzig
ISBN 3-89427-176-0

Danksagungen

Mike Booth, meinem Lehrer,
der in mir sah, was ich selbst nicht zu sehen vermochte;

Phyllis Mahon für die Schönheit, Einfachheit und Sensitivität, mit der sie das Layout künstlerisch gestaltete;

dem deutschen Übersetzer Karl Friedrich Hörner

allen Klienten und Schülern,
denn sie lehren die Macht des Geistes in der Materie;

Judy Tretheway
für die anfängliche Gestaltung, Layout und Mitgefühl;

meiner Nichte
Samantha Telliz
für das erste Redigieren des Textes;

meinen Kindern
Holly Worley und Jeff Bodwin,
die mir stets liebevolle Lehrer und Freunde gewesen sind;

meinem liebenden Mann
Henry Garcia-Alvarez
für seine Klarheit, Ermutigung und Aufrichtigkeit.

Besonderen Dank an
Eve Hall, David Burmeister, Dr. Helen Thomas, Claudia Booth, Trish und Will Hunter.

Widmung

Meinem Vater Bill Klesow,
von Beruf Feuerwehrmann und von Herzen Philosoph, der mich in Religion und Wissenschaft ein-
führte und mich lehrte, eigenständig zu denken.

Geleitwort

Mit diesem Werk geht Carol Klesow einen wichtigen Schritt in der Entwicklung einer neuen Bewusstseinsqualität. Jin Shin, eine uralte Tradition, ist eine Methode, Gleichgewicht und Harmonie innerhalb der komplexen Dynamik des Wesens Mensch zu fördern. Aura-Soma verfolgt einen ähnlichen Zweck und Sinn.

Solange wir in einer physischen Form leben, ist alles Bewusstsein in der körperlichen Basis verankert. Somit sind alle Bewusstseinszustände abhängig von unserer Körperlichkeit.

Die Verbindung, die Carol zwischen Jin Shin und Aura-Soma hergestellt hat, ist tiefgreifend und harmoniert absolut mit der Qualität, die eines der grundlegenden Prinzipien von Aura-Soma ist. Vicky Wall, die Begründerin von Aura-Soma, lehrte, dass jeder von uns seine höhere Führung in sich trägt. Durch die Integration der beiden genannten Systeme brachte Carol diese tiefe Wahrheit neu zum Ausdruck.

Dies ist ein Handbuch und ein Werk, das dem Praktiker in neue Dimensionen des Verstehens und Seins helfen kann. Vielen Terminologien, Denksystemen und vielem von dem, was wir erleben, liegen ähnliche, allgemein gültige Prinzipien zugrunde. Eines dieser Prinzipien ist die Fähigkeit, mit unserem innersten Sein in Kontakt zu kommen. Jin Shin und Aura-Soma scheinen einen Weg zu weisen, auf dem wir lernen, dass es uns erlaubt ist, zu *sein*. Die Strömung der Fürsorge, die Strömung des Mitgefühls, der Wärme und dessen, was wir vielleicht als Liebe bezeichnen – sie alle werden unterstützt, indem wir einfach zulassen zu sein.

Mit diesem Geleitwort verbinde ich die Hoffnung, dass die vorliegende Arbeit dank Carols Einblick und dank der Degabung, die Phyllis Mahon in die Illustrationen eingebracht hat, zu einem Wegweiser und Handbuch wird, das jedem von uns helfen mag, ein wenig mehr von dem zu werden, was wir sind.

Mike Booth

Einführung

Schon immer habe ich mich gefragt „Wer bin ich?" und „Warum bin ich hier?" Zeit meines Lebens war dieses Fragen eine Aktivität, die alles durchdrang und färbte, was ich tat und tue. Für mich waren Aura-Soma und die Jin Shin Jyutsu Physio-Philosophy® die Wege, auf denen ich am meisten verstehen lernen konnte.

Als junges Mädchen von vielleicht sieben Jahren hatte ich folgende Vision: Ich sah mich auf eine leere Seite in einem Buch blicken. Ich dachte, dass dieses Buch von Gott geschrieben sein musste. Ich wollte wissen, wovon das Buch handelte, denn mir war klar, dass es auf dieser aufgeschlagenen Seite um mein Leben ging. Heute, da ich näher am Alter als an der Kinderzeit bin, ist mir klar, dass die leere Seite nun fast gefüllt sein muss mit den Erfahrungen meines Lebens. Meine Seite ist nur eine Seite in der Geschichte des Bewusstseins. Diese Geschichte des Bewusstseins hat eine Seite für jedes Menschenwesen, jedes Tier, jede Pflanze und alle Dinge. Alles ist hei-

Meine Seite ist nur eine Seite in der Geschichte des Bewusstseins.

lig. So ist *Aurajin* wie ein Buchstabe eines Wortes auf jener Seite, die wiederum ihren Platz in dem größeren Ganzen des Buches hat.

Die Inspiration zu Aurajin kam mir in einem Traum. In dem Traum sah ich mich vor dem Jin Shin Jyutsu-Poster mit der Darstellung der menschlichen Gestalt stehen. Es zeigte Vorder- und Rückseite des Körpers, auf denen an verschiedenen Stellen 26 nummerierte Punkte markiert waren. Jeder dieser Punkte und seine Bedeutung waren in der Mitte des Posters zwischen Frontal- und Rückenansicht aufgelistet. Es gab 26 Punkte auf der rechten und 26 Punkte auf der linken Körperseite. Als ich in Gedanken versunken vor dem Jin Shin Jyutsu-Poster stand, sah ich eine Hand. Sie begann, die ersten 26 Aura-Soma Equilibrium-Flaschen, eine nach der anderen, auf den jeweiligen nummerierten Punkt der auf dem Jin Shin Jyutsu-Poster gezeigten Gestalt zu platzieren.

Als die Hand diese Zuordnung der Equilibrium-Flaschen vollendet hatte, erwachte ich. Ich ging durch die Küchentür und betrat mein Arbeitszimmer. Es war früh am Morgen. An der Wand über dem Behandlungstisch hing das Jin Shin Jyutsu-

Poster, das ich gerade noch in meinem Traum gesehen hatte. Auf der anderen Seite des Behandlungstischs standen meine Aura-Soma Equilibrium-Flaschen. Sie glichen zweifarbigen, leuchtenden Edelsteine, deren jeder eine eigene Botschaft barg. Jede dieser wunderschönen Farbenergien sah bereits unserem nächsten „guten Morgen" entgegen. Jedes Wesen in jeder Flasche war allzeit bereit, einen Menschen auf seiner spirituellen Reise der Wahrheitssuche anzusprechen.

Ich blickte zu den Flaschen, und ich blickte auf die Bedeutungen der Punkte, die an dem Poster-Menschen markiert waren. Was ihnen gemeinsam war, war die Zahl oder Nummer, die ihre Bedeutung durch jede Aura-Soma Equilibrium-Farbkombination und den Jin Shin-Punkt zum Ausdruck brachte. Ich war verblüfft angesichts der Übereinstimmung der Botschaften, die sie in sich trugen. Zuerst bemerkte ich die Nr. 12. Das Jin Shin-Thema lautet hier: „Dein Wille, nicht mein Wille." Dabei fiel mir auf, dass Aura-Soma Nr. 12 Klar/Blau in deutlicher Resonanz mit dem ersten Vertreter der Aura-Soma Meisterserie stand. El Morya, der Meister des blauen Strahls, ist Nr. 50, Hellblau/Hellblau. Dieses Hellblau/Hellblau von El Morya bringt zum Ausdruck, dass Licht durch das Blau scheint, das Thema von El Morya lautet: „Dein Wille geschehe durch mich."

Da wusste ich, dass dies Aufgabe und Inhalt meiner Aura-Soma-Diplomarbeit sein sollte. In jenem Augenblick nahmen mich die aus den Farben und Zahlen gewobenen Geschichten ganz gefangen. Jener Traum war vor fünf Jahren. Seitdem habe ich mich damit beschäftigt, und so entwickelte sich *Aurajin*.

Seit drei Jahren habe ich nun die Farbenergien der Aura-Soma Equilibrium-Flaschen übermittelt, indem ich Licht durch die von einem Klienten gewählte Flasche strahlte, während dieser eine Jin Shin Jyutsu-Sitzung erhielt. Der Klient wählt hierzu eine zweifarbige Equilibrium-Flasche aus, von der er/sie sich gerade angezogen fühlt. Ich stelle die gewählte Farbkombination auf die Transmissionslampe. Das Licht strahlt während der Dauer der Sitzung durch die gewählte Flasche. Ich habe einen direkten Zusammenhang zwischen der Farbe, die ein Klient wählt, und seinem aktuellen Energiemuster gesehen. Diese Erfahrung hat mich etwas gelehrt. Ich weiß, dass Gott durch die Systeme von Aura-Soma und Jin Shin Jyutsu spricht und jeder Person ihre Bedeutung und ihren Zweck zeigt.

Mein Lehrer Mike Booth sagt: „In Gesellschaft der Wahrheit wächst das Bewusstsein." Die Grund-

„In Gesellschaft der Wahrheit wächst das Bewusstsein."

lage sowohl von Aura-Soma als auch der Jin Shin Jyutsu Physio-Philosophy ist Wahrheit. Beide Heilsysteme kommen von Gott und wurden uns durch Vermittlung eines menschlichen Wesens geschenkt. Jin Shin Jyutsu kam durch die Inspiration von Jiro Murai, Aura-Soma kam durch die Inspiration von Vicky Wall. Esoterische Lehren scheinen eine universelle Wahrheit gemeinsam zu haben und zu vermitteln. Es ist ihre Aufgabe, uns die Natur des Bewusstseins und unsere individuelle und kollektive Rolle in ihm zu zeigen.

Heute ist die ewige Weisheitslehre allen Menschen zugänglich, unabhängig von Klasse, Geschlecht, Alter, Hautfarbe oder religiöser Überzeugung.

Mein Ziel beim Schreiben dieses Buches ist es, eine Tür zu öffnen für die vielen Möglichkeiten, Aura-Soma mit esoterischen Lehren zu verbinden. Die Zahlen sowie die lebendigen Energien in den Farben der Aura-Soma Equilibrium-Flaschen und in den Jin Shin-Punkten bergen in sich die Bilder einer universellen Entfaltung, die uns die Möglichkeit bieten, Bewusstsein zu verstehen. In früheren Zeiten standen solche Informationen nur Adepten und Eingeweihten zur Verfügung. Heute ist die ewige Weisheitslehre allen Menschen zugänglich, unabhängig von Klasse, Geschlecht, Alter, Hautfarbe

oder religiöser Überzeugung. Durch das eigene Erleben von Aura-Soma und Jin Shin Jyutsu konnte ich einen winzigen Einblick in die Weisheit des Universums gewinnen.

Es ist an der Zeit, dem Erleben unseres Energiekörpers und der spirituellen Natur eine Stimme zu verleihen, die außerhalb des Kontexts von Religion und Dogma erschallt. Mögen die äußeren und inneren ausgleichenden Kräfte, das wissenschaftliche Denken und die intuitive Natur eins werden. Möge unsere Denken und Handeln mitfühlend der Evolution aller Wesen auf diesem Planeten gelten. Mögen wir erkennen, dass die Mysterien der Zeitalter Wege weisen, Liebe zu verstehen und sie als die Zusammenhalt gebende Kraft zu erleben, die uns mit der Erde verbindet. Lasst uns hoffen, dass wir einst sehen, wie das Licht aus der Dunkelheit geboren wird.

Die Synthese –
Aura-Soma und
die 26 Jin-Shin-Punkte

Aura bedeutet unsichtbarer Atem oder Ema-
nation, *Soma* bedeutet Körper. Der Binde-
strich, der Aura und Soma zu dem Begriff
Aura-Soma verbindet, ist für mich der Prozess
der Entdeckung dieses unsichtbaren Atems im
Körper. Aura-Soma ist lebendiges Licht, das in
Resonanz mit dem Kern unseres Wesens
schwingt. Sobald die dem Körper innewohnen-
de Weisheit vom Licht berührt wird, eröffnet der
Prozess einen Austausch über das Bewusstsein.

Farbe ist die Sprache des Bewusstseins,
und der Körper birgt Erinnerungen bis zurück
zum Anbeginn der Zeit. Arbeiten wir mit Farbe und der Weisheit des Körpers zusammen,
wird unserem Verständnis schlagartig mehr
Wissen zugänglich, das der Bewusstseinsentwicklung des Menschen in diesem Augenblick
dienlich ist.

Einen Jin Shin-Punkt zu berühren heißt, das
Licht zu berühren. Jeder Lichtpunkt schwingt in Resonanz mit bestimmten Farben und birgt eine bestimmte Botschaft, die erfahrbar ist. Diese Botschaft
ist zu erschließen durch den Berührungssinn, die
Bedeutung des Punktes und die Weisheit, die aus
Farbe und Nummer spricht. Als ich die entsprechenden Aura-Soma-Farben durch die Punkte einwirken
ließ, entdeckte ich, dass ein Dialog mit dem Bewusstsein stattfand. Dem Beobachter
wird dabei ein spirituelles Prinzip
offenbart, das jeder Mensch erfahren kann. Die Reise zu seiner
Entdeckung vollzieht sich sowohl
individuell als auch universell, sowohl im Spirituellen als auch im
Weltlichen; die Grenzen scheinen dabei fließend zu sein.

In einem Vortrag sprach Rudolf Steiner im Jahre 1923 davon,
Licht zu malen: „Man malt na-
türlich niemals, sagen wir: eine
Blume, die vor dem Fenster steht,
sondern man malt das Licht, das
zum Fenster hereinscheint und
das man so sieht, wie man es
durch die Blume sieht. Man malt
also eigentlich das gefärbte Licht
der Sonne. Das fängt man auf. Und die Blume ist
nur die Veranlassung zum Auffangen dieses Lichtes."

> *Arbeiten wir mit Farbe und der Weisheit des Körpers zusammen, wird unserem Verständnis schlagartig mehr Wissen zugänglich, das der Bewusstseinsentwicklung des Menschen in diesem Augenblick dienlich ist.*

Wir gleichen den Blumen, weil das Licht durch uns scheint. Wir sind Lichtwesen. Jeder der 26 Jin Shin-Punkte ist wie die Linse einer Kamera. Das Licht tritt ein, geht durch den jeweiligen Punkt und wird dahinter abgebildet. Jeder Jin Shin-Punkt offenbart eine spirituelle Botschaft. Jeder Punkt ist eine Reise des Gewahrseins.

Die Farbe in jeder der nummerierten Aura-Soma Equilibrium-Flaschen steht in Verbindung mit dem entsprechenden Jin Shin-Punkt. So bildet zum Beispiel der Jin Shin-Punkt Nr. 1 Resonanzen mit Nr. 1, Nr. 10, Nr. 19, Nr. 28 usw. (siehe Übersicht „Aura-Soma: Zahlen- und Farbentsprechungen"). Der folgende Schatz an Informationen gibt wieder, was meiner Wahrnehmung bei der Arbeit mit einer Kombination der beiden Heilkünste offenbart wurde. Immer wieder sehe ich Menschen, die sich auf ihre innere Reise einlassen und dabei Aura-Soma und/oder Jin Shin Jyutsu als Katalysator und Wegbegleiter gebrauchen. Beide, Aura-Soma und Jin Shin, sind Hilfen auf dem Weg zum Selbst. Sie sind Systeme uralter Weisheit, die sich heute in einer Form präsentieren, die für alle Menschen Gültigkeit besitzt, die die Verantwortung für sich selbst und ihre Bewusstseinsentwicklung sowie für ihre Rolle in der Evolution dieses Planeten übernehmen. Aura-Soma und Jin Shin stehen zur Verfügung, um als

Diese beiden Heilkünste tragen die Antworten auf die verborgenen Mysterien aller Zeitalter in sich.

Hilfen bei der Transformation des Bewusstseins zu dienen.

Jiro Murai empfing die Kunst des Jin Shin Jyutsu aus einer göttlichen Sphäre und entdeckte dabei die uralten Lehren der Mystiker wieder, die lange vor ihm gelebt hatten. Im Laufe seines Lebens trug er dieses Wissen zusammen und teilte es der Welt mit. Die Informationen über die 26 Punkte im vorliegenden Buch entstammen zum Teil der uralten Weisheit, die sein mitfühlendes Wesen vermittelt hat. Dieses Wissen wurde von Mary Burmeister in die Vereinigten Staaten gebracht – von jener Lehrerin also, von der ich diese Kunst erlernte. Ich lernte sie als „die Kunst des Schöpfers durch den mitfühlenden Menschen" kennen. Es entspricht dem Wunsche jener, die uns vorausgegangen sind, und der Quelle, aus der diese Weisheit fließt, dass die Kunde davon *alle* erreichen soll, die nach ihnen folgen. Jedes Menschenwesen soll erkennen, dass die Worte und die Liebe Gottes in ihm selbst zu entdecken und in die Welt hinaus zu tragen sind.

In den vergangenen sechs Jahren habe ich alle drei Stufen der Aura-Soma-Kurse unterrichtet und die Synthese von Aura-Soma und Jin Shin weiter erforscht. Ich praktiziere Aura-Soma seit neun Jahren und Jin Shin Jyutsu seit achtzehn Jahren.

Was ich in dieser Zeit entdeckt habe, bedeutet vermutlich kaum mehr, als ein Ankratzen der Oberfläche. Ich glaube, dass diese beiden Heilkünste zuinnerst mit der tiefen Weisheit verbunden sind, die im kabbalistischen Lebensbaum verborgen ist, und dass der Lebensbaum in unserem physischen Körper und in unserer Aura existiert. Das Geheimnis des Lebensbaums kann offenbar werden, wenn man mit Aura-Soma und Jin Shin arbeitet, weil diese beiden Heilkünste die Antworten auf die verborgenen Mysterien aller Zeitalter in sich tragen. Diese Informationen werden sicher zur gegebenen Zeit offenbart.

Ich praktiziere Jin Shin Jyutsu und biete Selbsthilfekurse in Jin Shin Jyutsu an, die jedoch mit den Jin Shin Jyutsu-Kursen nicht zu verwechseln sind, sondern deren Grundlagen präsentieren. Personen, die sich dafür interessieren, Jin Shin Jyutsu oder Aura-Soma zu studieren, empfehle ich die Aura-Soma-Berater-Ausbildung und/oder die Jin Shin Jyutsu-Ausbildung. (Siehe unter „Informationen" am Ende dieses Buches)

Ich hege die Hoffnung, dass die Synthese der Informationen aus den beiden Heilkünsten Sie dazu führen wird, Aura-Soma noch tiefer zu erleben. Die Farben von Aura-Soma und die Bedeutungen der 26 nummerierten Punkte des Jin Shin Jyutsu können Ihnen eine neue Dimension des Wissens erschließen. Ich erlebe es wie das Licht, das in einen Raum flutet und ihn erfüllt, wenn wir behutsam die Tür öffnen. Ein jeder kann göttliche Wahrheit in seinem Innern entdecken. Die Reflexion, die wir in einem anderen wahrnehmen, kann ein Katalysator für die Göttliche Wahrheit in uns selbst sein. Das ist der Aura-Soma-Weg des Lernens. Aura-Soma unterstützt den inneren Lehrer in jeder Person. Der innere Lehrer lernt durch die Sprache der Farbe, und die Sprache ist das Licht, das wiederum das Bewusstsein Gottes ist. Das Licht spricht durch den Regenbogen der Farben.

Was ist Aura-Soma?

Aura-Soma ist in Liebe geboren und allen zugänglich.

Aura-Soma ist ein selbst-auswählendes, nicht-eingreifendes System zur Selbstentfaltung. Es ist ein Werkzeug zur Bewusstseinserweiterung in unserer Zeit, obwohl Aura-Soma „alter Wein in neuen Schläuchen" ist. Durch die universelle Sprache der Farbe steht Aura-Soma mit uralten mystischen Systemen in Verbindung. Aura-Soma ist ein dynamisches System, geboren aus der Inspiration von Vicky Wall im Jahre 1984. Es vereint die drei Reiche der Pflanzen, Minerale und des Menschen. Die lebendigen Energien innerhalb des Aura-Soma-Spektrums, das mehr als 100 Farbkombinationen umfasst, schwingen in Resonanz mit jedem Aspekt des menschliche Wesens und bieten einen Zugang, über den Geist in die Materie eintreten kann.

„Es zählt nicht, was wir tun, sondern wie wir es tun."

Die Farben der physischen und der spirituellen Welten vermitteln Informationen über die eigentliche Bedeutung des Lebens. Mit Hilfe der Aura-Soma-Farbkombinationen kann man sein innerstes Wesen erkennen.

Vicky Wall bezeichnete Aura-Soma als „Spiegel der Seele". Dieser Spiegel reflektiert die individuelle und universelle Bewusstseinsentwicklung im Laufe der Zeit: Erkenne dich selbst und die Mission des Lebens und den Zweck dieses Augenblicks in der Zeit und jenseits aller Zeit. Vicky Wall verbrachte die letzten neun Jahre ihres Lebens damit, Mike und Claudia Booth darauf vorzubereiten, Aura-Soma der ganzen Welt zugänglich zu machen. Im Jahre 1991, als Vicky in eine lichtere Welt ging, übernahm Mike Booth die Verantwortung für das Werk und die Aufgabe, Aura-Soma in die Welt zu tragen.

Heute wird Aura-Soma überall auf der Erde von Beratern und Lehrern unterrichtet und praktiziert. Diese Lehrer und Berater sind für ihre Aufgabe von Mike und Claudia Booth gut ausgebildet und vorbereitet worden. Mike und Claudia Booth wurden von Vicky Wall auserwählt, um diese Heilkunst, die eine wahrhafte innere Verwandlung ermöglicht, der Menschheit unseres Zeitalters zugänglich zu machen.

Wie funktioniert Aura-Soma?

Es heißt bei Aura-Soma: „Du bist die Farben, die du auswählst. Sie spiegeln die Bedürfnisse deines Wesens wider."

Jedes Atom unseres Wesens trägt eine spezifische Energieschwingung. Diese Energie wiederum schwingt in Resonanz mit einer Farben- und Zahlen-Frequenz. Farbe vermag Energieschwingungen auf allen Ebenen zu harmonisieren und zu modifizieren. Die Energie der Farbe dehnt sich in unsere Umgebung aus und beeinflusst, wie wir uns gegenüber der Welt verhalten, die uns umgibt.

Aura-Soma ist ein zeitloser Farbcode, der den weltlichen und göttlichen Aspekt der individuellen Seele offenbart. Wir stehen am Beginn einer Zeit, in der Menschen die Verantwortung für sich selbst und für die Welt um sie herum übernehmen. In diesem Augenblick steht Aura-Soma bereit, um dazu beizutragen, den einzelnen Menschen ebenso wie die Menschheit insgesamt im Prozess der Bewusstseinsevolution zu unterstützen.

Was sind Aura-Soma Equilibrium-Flaschen?

„Aura-Soma Equilibrium" steht für eine Zwei-Farben-Kombination von Öl über Wasser in einer speziellen Glasflasche. Zur Zeit gibt es 102 Equilibrium-Flaschen mit den Nummern 0 bis 101. Jede von ihnen bringt eine Botschaft für die Entfaltung des Bewusstseins in die Welt mit. Die Equilibrium-Flaschen gleichen zweifarbigen Edelsteinen; die eine Farbe liegt über der anderen. Der obere Teil jeder Aura-Soma Farbkombination enthält ätherische Öle aus den öligen Bestandteilen der Pflanze, der untere Teil enthält Auszüge aus den wässrigen Bestandteilen der Pflanze in einem Heilwasser. Beide Teile enthalten Farbenergien aus dem Pflanzen-, dem Kristall- und Mineralienreich sowie Energie aus der menschlichen Welt. Alle Ingredienzien, die Aura-Soma für die Equilibrium-Flaschen und alle anderen Produkte verwendet, stammen, soweit möglich, aus biologisch-dynamischen Anbauflächen.

Die Equilibrium-Flaschen: Auswahl und Anwendung

Du bist die Farben, die du auswählst … Sie spiegeln die Bedürfnisse deines Wesens wider.

In den Aura-Soma-Kursen bereiten sich Praktiker darauf vor, Aura-Soma-Beratungen zu geben. Die Beratung ist ein Prozess, bei dem der Klient vier Aura-Soma Equilibrium-Flaschen (Farbkombinationen) auswählt. Anhand der vom Klienten selbst getroffenen Wahl von vier Flaschen interpretiert der

Aura-Soma-Berater die Geschichte seines Gegenübers. Da Farbe die Sprache ist, in der das Bewusstsein spricht, spiegelt der Auswahl- und Beratungsprozess wider, wie der Klient sich in diesem Augenblick selbst im tiefsten Inneren erkennt.

Nach der Beratung nimmt der Klient bestimmte Aura-Soma Equilibrium-Flaschen mit nach Hause, um sie im Bereich des physischen Körpers anzuwenden. Vor dem Gebrauch nimmt man eine Flasche in die Hand, öffnet den Verschluss und bedeckt sie sodann mit dem Mittelfinger. Zeige- und Ringfinger ruhen auf den „Schultern" der Flasche, mit dem Daumen hält man diese von unten. Dann werden die lebendigen Energien der Aura-Soma Equilibrium-Flasche kräftig geschüttelt, sodass sich die beiden Farbschichten miteinander vermischen. Anschließend werden einige Tropfen der Mischung in die Handfläche gegeben und in die entsprechenden Bereiche von Vorder- und Rückseite des Körpers eingerieben. Auf diese Weise wird aus den beiden Farben eine Dritte, Zweiheit und Einheit zusammen. Dieser Prozess kann mehrmals am Tag wiederholt werden, bis der Inhalt einer Equilibrium-Flasche nach einiger Zeit aufgebraucht ist.

Wird der Inhalt aus einer Equilibrium-Farbkombination am Körper angewendet, kann der Klient subtile Veränderungen bezüglich der Botschaft erleben, die der Farbcode der jeweiligen Equilibrium-Flasche birgt. Dieser Prozess kann mit vielen Veränderungen im Leben des Klienten einhergehen und ihn zu einer Erkenntnis und Rückverbindung mit den wesentlichen Aspekten seines Selbst führen.

Es gibt zwei Produkte, die den Prozess im Klienten und die Farbenergien in den Equilibrium-Flaschen unterstützen, sie werden *Pomander* und *Quintessenzen* genannt und in den elektromagnetischen bzw. ätherischen Feldern der Aura angewendet. Weitere Information über diese und andere Aura-Soma-Produkte finden Sie unter „Adressen" am Ende dieses Buches.

Was ist Jin Shin?

Jin bedeutet mitfühlender Mensch, *Shin* bedeutet Schöpfer. Mein Verständnis von Jin Shin gewann ich durch das Studium und die Ausübung der Jin Shin Jyutsu-Lehre (gesprochen: Dschin Schin Dschitsu). Heute habe ich erkannt, dass unser Körper um uralte Prinzipien weiß. Indem wir Punkte am Körper berühren, können wir die unendliche Wahrheit des Universums kennen lernen. Mich selbst zu erkennen heißt, die unendliche Wahrheit zu erfahren.

> *„Alles, was du zu wissen brauchst, ist das, was du jetzt weißt."*

Die folgenden Seiten zeugen von meiner persönlichen Erforschung der Reiche von Farbe und Zahl. Es ist nicht meine Absicht, das in diesem Buch Geschriebene mit der Lehre oder dem Inhalt des von der Jin Shin Jyutsu Corporation angebotenen Ausbildungsganges zu vermischen. Die im Hauptteil des vorliegenden Buches unter der Überschrift „Uralte Bedeutung der Zahl" wiedergegebene Information ist zum Teil Frucht und Ergebnis meiner Beschäftigung mit und meiner Ausübung von Jin Shin Jyutsu, Aura-Soma und anderen esoterischen Systemen.

Jin Shin Jyutsu soll schon vor der Zeit Buddhas existiert haben. Die uralte Weisheit, die die Lehren von Jin Shin Jyutsu enthielt, sei in Vergessenheit geraten und nun wieder gefunden worden. Eine uralte Heilkunst kehrt also in die Erinnerung zurück. Im Jahre 1954 brachte meine Lehrerin Mary Burmeister die Lehre von Jin Shin Jyutsu von Meister Jiro Murai aus Japan in die Vereinigten Staaten.

Mary sagt über Jin Shin Jyutsu: „Es ist der Grundstein zur Erweiterung unseres Bewusstseins. Es ist ein Geschenk des Schöpfers, das durch uns fließt. Es ist Einssein, das sich zuerst differenziert und schließlich ins Einssein zurückkehrt. Es ist die Vermischung von Fleisch und Bewusstsein." … „Selbstveränderung beginnt mit der Beschäftigung mit sich selbst, und innere Freiheit erwächst aus dem Wissen über sich selbst. Alles, was du zu wissen brauchst, ist das, was du jetzt weißt."

In Matthäus 16,19 heißt es: „Und ich will dir des Himmelreichs Schlüssel geben." Manche Menschen glauben, diese Schlüssel in den 26 Punkten am menschlichen Körper zu erkennen. Jin Shin ist für heute, für unsere Zeit wieder geboren als eine einfache Weise, „sich selbst zu erkennen", die jedem Menschenwesen hilft, „sich selbst zu helfen". Die Kunst des Schöpfers wird in Liebe anderen geschenkt.

Jiro Murai sagte: „Mein ganzes Elend besteht einfach darin, dass ich mich selbst nicht kenne."

Jiro Murai verstand die spirituelle und universelle Bedeutung der Zahlen. Zeit seines Lebens studierte er esoterische Lehren von überall auf der Welt und sah, wie die vielen Systeme durch die Zahl miteinander verbunden sind. Indem wir die 26 Zahlen auf unserem Körper kennen lernen, können wir die universellen Wahrheiten durch unser individuelles Bewusstsein erleben. Murais Forschung offenbarte tiefe Verbindungen zwischen den Jin Shin-Zahlenpunkten, der Astrologie, dem Tarot und dem kabbalistischen Lebensbaum. Aurajin wiederum erkundet den Zusammenhang zu den Farben von Aura-Soma über die Zahlen.

„Mein ganzes Elend besteht einfach darin, dass ich mich selbst nicht kenne."

Die Technik und die Kunst

Jin Shin Jyutsu ist eine Kunst zum Anfassen. Mit festgelegten Strömen werden die „Technik"-Hände jeweils auf einen spezifischen Punkt am Körper gelegt. Die Hände lauschen mit den Fingern auf den Klang des Pulses. Die Punkte werden gehalten, bis sie unter beiden Händen in Harmonie miteinander schlagen. Dann ist es an der Zeit, um zur nächsten Position im Strom weiterzugehen. Jeder Zahlenstrom berührt bestimmte Zahlenpunkte. Während wir mit dem Herzen durch die Finger lauschen, entfaltet sich „die Kunst" und teilt uns mit, welcher Strom als nächster benötigt wird.

Was sind die Zahlenpunkte?

Die Zahlenpunkte sind „Orte von Bedeutung". Es gibt 26 Zahlenpunkte auf der rechten und 26 auf der linken Seite des Körpers. Jeder Punkt befindet sich an einer bestimmten Stelle, rechte und linke Punkte spiegeln einander.

… wir können uns öffnen einer größeren Tiefe der Lebenserfahrung und der Möglichkeit eines ausgedehnten inneren Dialoges.

Unsere Körper sind wandelnde Bewusstseinsspeicher. Sie bergen alle Informationen, die wir benötigen, um die zu werden, die wir sind, und um (in diesem Universum) unsere individuelle Mission zu manifestieren. Jeder der 26 Punkte am Körper enthält Informationen von verwandelnder Qualität. Durch einen Prozess reflexiver Meditation können wir seine Botschaft freisetzen und sie gebrauchen, um unser ganzes energetisches Wesen ins Gleichgewicht zu führen.

Jeder Zahlenpunkt ist ein Energiewesen, das an einem spezifischen Punkt am Körper lebt und in den Körper hinein und in seine Umgebung hinaus in Resonanz schwingt. Jeder Punkt hat eine Bedeutung. Seine Zahlenbedeutung teilt uns etwas über seine energetische Funktion mit. Die Bedeutung von Jin Shin Nr. 12 (im Nacken, auf halber Höhe zwischen Kopf und Schultern, links und rechts der Wirbelsäule) lautet beispielsweise: „Dein Wille, nicht mein Wille." Wenn der Nacken steif ist, sollten wir die Möglichkeit in Betracht ziehen, dass wir (hart-näckig) Widerstand gegen den göttlichen Plan leisten und dass unser „kleiner Wille" versucht, sich über den größeren Willen zu stellen. Wenn wir die Möglichkeiten erkennen, können wir uns einer intensiveren Lebenserfahrung und der Möglichkeit eines ausgedehnten inneren Dialoges öffnen.

Was sind Strömungspunkte?

Im Jin Shin ist ein Strom eine mathematisch abgeleitete Folge und der effektivste und wirkungsvollste Weg, um einer bestimmten Energiefunktion zu helfen, sich zu manifestieren.

Die Zahlenpunkte scheinen den vier Welten Feuer, Luft, Wasser und Erde anzugehören. Unter „Strömungspunkte" stehen im Hauptteil dieses Buches einfache Übungen, die Sie mit der Energie jeder Zahl über Ihre Wahrnehmung vertraut machen sollen.

Indem man seine Hände auf die spezifischen Zahlenpunkte am Körper legt, kann man die Energie zwischen den beiden gehaltenen Punkten ausgleichen. Dieses Ausgleichen setzt sich durch den ganzen Körper und darüber hinaus fort und vermittelt ein Gefühl der Harmonie.

Was ist Farbe?

Farben sind Licht unterschiedlicher Schwingungen. Jede Schwingung gibt sich Ausdruck und schwingt in Resonanz mit bestimmten Aspekten des physischen, emotionalen, mentalen und spirituellen Körpers.

Je besser man die Sprache der Farben versteht, desto deutlicher kann man ihren Einfluss in der Welt um sich herum wahrnehmen. Die Natur drückt ihre Stimmungen und den Wechsel der Jahreszeiten durch die leuchtenden Farben und über die Pflanzen aus. Rudolf Steiner und andere lehrten, dass alle Mineralien mit einem bestimmten Himmelskörper zu verbinden sind. Durch die Farbschwingung eines bestimmten Minerals vermittelt der Stern seine Botschaft zur Erde und zu allen Geschöpfen, die sie bewohnen. Farbe ist eine universelle, von Natur aus stille Sprache, die die dem Universum zugrunde liegende Ordnung widerspiegelt.

Farbe ist die Sprache der Seele.

Dem Bewusstsein jedes Menschen wohnt ein angeborenes Farbenverständnis inne. Unsere tägliche Sprache enthält von Farben geprägte Bilder, die wir augenblicklich verstehen. Wendungen wie „ein grüner Junge", „das Blaue vom Himmel versprechen" sind jedem bekannt. Farbe ist etwas so Alltägliches wie die Farbe der Kleidung, in die wir uns hüllen, und so spirituell wie das sorgfältig ausgewählte Buntglas, das in den Fensterrosen der Kathedralen Europas verwendet wird. Alle Farben jedoch üben eine subtile und zugleich machtvolle Wirkung auf das gesamte menschliche Wesen und Bewusstsein aus.

Gedanken über Farben

Am Anbeginn der Zeit waren Licht und Ton die ersten Energien, die sich manifestierten. Licht war damals und ist bis heute das Mittel der Kommunikation von dem Einen zu den Menschen, zu allem Leben und aller Materie. Darüber hinaus sind Licht- und Tonenergie auch Kommunikationsmittel zwischen Natur und Mensch sowie zwischen den Menschenwesen.

Farbe ist lebendige Energie, die sich durch das Bewusstsein mitteilt. Sie ist eine Sprache, die durch alle Formen spricht und dem Menschen die Möglichkeit bietet, sich selbst im Innersten zu erkennen.

Farbe entsteht durch das Wechselspiel zwischen Hell und Dunkel. Gelb ist dem Hellen am nächsten, Blau dem Dunkel. Scheint das Licht durch Gelb und Blau, so wird Rot geboren. Werden Gelb und Blau miteinander verschüttelt, entsteht das Grün. Grün ist die Komplementärfarbe von Rot. Blau, Gelb und Rot sind die drei Primärfarben. Ein Prinzip der Farbenlehre besagt, dass jeder Primärfarbe eine Sekundärfarbe gegenübersteht, die gleiche Anteile der beiden anderen Primärfarben enthält – das Prinzip der Einheit innerhalb der Zweiheit.

Wir sind Lichtwesen, die sich durch Farbe Ausdruck geben. Farbe ist die Sprache der Seele.

Aurajin-Schlüsselbegriffe zu den Farben

Klar

- Enthält alle Farben
- Klarheit
- Brunnen ungeweinter Tränen
- will nicht gesehen werden
- Freispruch von karmischer Schuld
- reinigend
- Läuterung
- Reflexion
- das Licht
- Intensivierung

Pink

- bedingungslose Liebe
- Mitgefühl
- weibliche Intuition
- Kreativität
- Fürsorge
- Licht scheint durch Rot
- Ausdruck durchs Herz
- Zartheit
- Selbstliebe
- Notwendigkeit der Selbstliebe
- „anti-aggressivste Farbe"
- Fortpflanzungsenergie
- Wärme

Rot

- Liebe und opfernde Liebe
- Christus-Energie
- Blut
- Erwachen
- Energie
- Konzentration
- dritte Primärfarbe
- Leidenschaft
- Erdung und die Erde
- Überlebensthemen
- Wut
- Leben und Lebenskraft
- materielle Seite des Lebens

Grün

- emotionelle Seite
  des Lebens
- Raum
- Wahrheit
- der Zeuge

- rechtes Leben
- Richtung/Ausrichtung
- Synchronizität
- Entscheidungen fällen
- Panoramablick

- Wachstum
- Harmonie
- Neid

Koralle

- Liebe/Weisheit
- unerwiderte Liebe
- gegenseitige Abhängigkeit

- wiederkommender Chri-
  stus mit der Weisheit
  des Buddhas

- Bewusstseinsverschmelzung
- Unterscheidung
- Strahl des neuen Zeitalters

Türkis

- universelles Bewusstsein
- dimensionsüberschreitend
- Kreativität
- Kommunikation aus dem Herzen

- Individuationsprozess
- Kommunikation im
  neuen Zeitalter
- Wahrheitssucher

- kollektives Unbewusstes
- Ananda-Khanda-Zentrum

Orange

- Schock
- geistiges Streben
- tiefe Einsicht/Einblick

- Seligkeit
- Verbindung zum Ätherleib
- Ko-Abhängigkeit

- gegenseitige Abhängigkeit
- Empfindungen aus dem Bauch
- Geselligkeit

Blau

- Frieden
- erste Primärfarbe
- Kommunikation
- Gottvater/-mutter

- innerer Abstand
- weibliches Ernähren
- Übergang, Hinübergang
- Kreativität

- Isolation
- göttlicher Wille
- Himmel
- männlich analytisch

Gold

- Weisheit
- Wert

- Reinheit
- tiefe, unbestimmte Angst

- Ort der wahren Aura
- Macht

Königsblau

- klare Wahrnehmung
- Beziehungen
- Hellsehen

- tiefe Depression
- drittes Auge
- Hellhören

- Innenschau
- Phantasie
- visionär

Gelb

- Solarplexus
- Selbstbewusstsein
- Freude
- zweite Primärfarbe

- Wille
- Intellekt
- Wissen
- Unruhe, Besorgnis

- begründete Furcht
- Unsicherheit, Unentschlossenheit
- Verarbeitung
- Sonne

Violett

- ◆ Heilen
- ◆ Dienst
- ◆ Transformation

- ◆ Ausgleichen von Männlichem und Weiblichem
- ◆ Bedürfnis nach Heilung

- ◆ will nicht hier sein
- ◆ Scheitel-Chakra
- ◆ Beziehungen

Olivgrün

- ◆ weibliche Führung
- ◆ Ölzweig
- ◆ Anzeichen, dass Besseres kommt

- ◆ Bereitschaft, Neues zu probieren
- ◆ Bitterkeit
- ◆ Gleichheit

- ◆ Mut
- ◆ Heiliger Geist
- ◆ Prozess

Magenta

- ◆ Göttliche Liebe
- ◆ Liebe im Kleinen
- ◆ Auferstehung
- ◆ Strahl des Neuen Zeitalters

- ◆ Goethes unsichtbare Farbe
- ◆ verbindet Himmel und Erde
- ◆ Schönheit
- ◆ Ästhetik

- ◆ die „Sei-jetzt-hier"-Farbe
- ◆ Gnade

Was sind Zahlen?

Beiden Systemen – sowohl Aura-Soma als auch Jin Shin – liegt die harmonische und folgerichtige Bedeutung und Beziehung von Zahlen zugrunde. Die Wahrnehmung der esoterischen Zahlenbedeutungen erschließt eine zusätzliche Dimension der Selbsterkenntnis. Die gemeinsame Bedeutung von Aura-Soma-Farbkombinationen und Jin Shin-Zahlenpunkten kann zu einem erweiterten Verständnis sowohl dieser beiden Systeme als auch von Gottes Plan führen.

Pythagoras, der „Vater der Mathematik", machte der Menschheit mit seinem Leben und seiner Lehre ein sehr großes und nützliches Geschenk. Er war der Erste, der sich Philosoph nannte, und er definierte diese Bezeichnung als „einen, der herauszufinden versucht". Er lehrte, dass Zahlen geheimnisvolle Wesen sind und die grundlegenden Prinzipien der Schöpfung in sich bergen.

Pythagoras sagte: *„Evolution ist das Gesetz des Lebens, Zahl ist das Gesetz des Universums, und Einheit ist das Gesetz Gottes."*

Der folgende Absatz aus dem Buch „Der Weg der Essener" verkörpert auf wunderschöne Weise die Bedeutung von Zahlen:

„Zahlen", so hatte uns der Ehrwürdige selbst gelehrt, „sind auf der Erde nur der blasse Widerschein dessen, was sie in der Ewigkeit darstellen. Auf den dem Vater nahen Ebenen der Existenz bestehen sie als eigene Wesenheiten, die der Namenlose Eine mit dem Ordnen aller Dinge im Universum betraut hat. Betrachtet sie als hohe Geistwesen, die zwischen dem Unendlichen und den Geschaffenen vermitteln, Geister, ohne die es kein Maß, kein Gleichgewicht und keinen Rhythmus gäbe… Ihr müsst nun begreifen, wie ihr euer Leben sowie das Leben anderer verbessern könnt, indem ihr auf bewusste und harmonische Weise mit Zahlen arbeitet."[2]

Zahlen haben die spirituelle Tendenz, alles, was in den Bereich ihres Einflusses gerät, über seine derzeitigen Begrenzungen zu heben. Zahlen sind die Brennpunkte hoher kosmischer Kräfte.

Alle Zahlen können auf 1 bis 9 reduziert werden, wobei 0 die Energie des Unmanifestierten birgt. Die folgende Seite zeigt für jede Zahl einige Schlüsselbegriffe.

Schlüsselbegriffe zu den Zahlen

0
- Nichts
- bewegt sich zur Mitte
- wird in der Mathematik zum Punkt

1
- männliches Prinzip
- aus Verlangen manifestiert
- Individualisation
- Expansion/Ausdehnung

2
- weibliches Prinzip
- wie das andere sich erkennt
- Anschein von Trennung
- Dualität

3
- Beziehung
- Gleichgewicht (Equilibrium)
- etwas Größeres als ihr beide
- Trinität
- Aktivität

4
- Dimensionalität
- Eindämmung
- die materielle Welt der Elemente: Feuer, Luft, Wasser und Erde
- Schöpfung
- Struktur schaffen

5
- lebendige Materie 2+3=5
- Dualität und Einheit enthalten
- die Zahl des Menschen und der Menschheit
- Geist in der Materie

6
- Ausgeglichenheit
- Geben, was wir empfangen
- der sechszackige (David-)Stern
- Liebe

7
- vollkommene Schöpfung
- reinige und läutere die Form
- spirituelle Verwirklichung
- innere Ausrichtung

8
- wie oben, so unten
- Himmel und Erde sind eins.
- Glanz
- Freiheit

9
- Vollständigkeit
- Brücke zurück zum Anfang
- Enden und Beginnen
- Dienst

Die Arbeit mit diesem Buch

Jeder der 26 Jin Shin-Punkte ist auf der rechten und auf der linken Körperseite vorhanden. Jede Nummer eines dieser Punkte schwingt in Resonanz mit mehreren Aura-Soma Equilibrium-Flaschen (siehe Übersicht „Aura-Soma: Zahlen- und Farbentsprechungen").

Halten Sie die Strömungspunkte:
Bei diesem Vorgang lernen Sie die Energien und Bedeutungen der Punkte am Körper kennen und erweitern zugleich Ihr Verständnis von der Aura-Soma Farbkombination der gleichen Nummer. Legen Sie die Hände auf die angegebenen Punkte rechts und/oder links. Fühlen Sie nach einem Puls. Wenn Sie den Puls zuerst nicht spüren, ist das in Ordnung. Sie lernen ja noch. Haben Sie Geduld, dann werden Sie den Puls fühlen. Halten Sie die Punkte fünf bis zehn Minuten lang. Sobald Sie die Pulse spüren, halten Sie beide Punkte, bis Sie sie im gleichen Rhythmus schlagen fühlen. Dann halten Sie sie fünf bis zehn Minuten lang.

Folgen Sie diesen Anweisungen bei allen Übungen dieser Art. Achten Sie auf irgendwelche Bilder oder Erinnerungen, die Ihnen dabei möglicherweise in den Sinn kommen. Beobachten Sie sorgfältig, lauschen und spüren Sie, was Sie fühlen und denken. Vielleicht machen Sie eine Wahrnehmung oder spüren etwas, das nicht mit dem Punkt übereinstimmt, den Sie gerade halten. Lesen Sie die Schlüsselbegriffe für den jeweiligen Punkt und für die entsprechende Aura-Soma Equilibrium-Flasche. Leiten Sie diese Energien bewusst in die Punkte, die Sie halten. Dieser Prozess der reflexiven Meditation kann Ihnen Einsichten schenken.

Die Anwendung der Aura-Soma Equilibrium-Flaschen

Jede der 102 Equilibrium-Flaschen korrespondiert nach Quersummenbildung ihrer Ordnungszahl mit einem der 26 Jin Shin-Punkte.

Anwendung der Equilibrium-Öle:
Wählen Sie eine bestimmte Equilibrium-Flasche. Schütteln Sie sie, sodass eine Emulsion entsteht. Wenden Sie die so erhaltene Aura-Soma-Emulsion an dem entsprechenden Jin Shin-Punkt an.

Platzierung einer Equilibrium-Flasche:
Die Equilibrium-Flasche kann auf einen bestimmten Punkt platziert werden. Bedecken Sie den Punkt mit einem weißen Tuch und legen Sie die Equilibrium-Flasche der gleichen Nummer auf das Tuch.

Diese Methode kann auch angewandt werden, wenn die Person vollständig bekleidet ist.

Farbatmung

Die Farbatmung ist eine wirkungsvolle Technik zum Arbeiten mit den Aura-Soma-Farbkombinationen; Sie können sie für sich selbst oder für eine andere Person praktizieren.

Für Sie selbst:
Wählen Sie einen bestimmten Jin Shin-Punkt aus. Wählen Sie hierzu die Aura-Soma-Flasche mit der entsprechenden Nummer (oder betrachten Sie die Abbildung der Equilibrium-Flasche in diesem Buch). Halten Sie die Equilibrium-Flasche vor sich. Schikken Sie Ihren Atem mit bewusster Zielsetzung durch die Farben in den Jin Shin-Punkt an Ihrem Körper. Praktizieren Sie dies bis zu 15 Minuten lang.

Für eine andere Person:
Lassen Sie die Person einen bestimmten Jin Shin-Punkt oder eine Aura-Soma-Flasche auswählen oder sich vorstellen, an dem bzw. mit der gearbeitet werden soll. Setzen Sie sich der Person gegenüber. Er/sie hält die Aura-Soma-Flasche mit der linken Hand am Schraubverschluss zwischen Ihnen beiden. Richten Sie Ihre Aufmerksamkeit auf Ihren Atem und atmen Sie durch die Farben in der Equi-librium-Flasche an die Stelle des Körpers, wo der betreffende Jin Shin-Punkt liegt.

Der Aura-Soma-Farblichtstrahler

Der Aura-Soma-Farblichtstrahler ist ein in der Hand zu haltendes, taschenlampenähnliches Instrument, dessen Einsatz mit Hilfe von Licht, Farbe und Aura-Soma-Produkten den Zweck verfolgt, den Menschen zu harmonisieren. Der Farblichtstrahler zielt auf eine sanfte, nicht-eingreifende, rasche und effektive Korrektur jeglicher Störung, die in dem so genannten menschlichen Organismus vorliegen könnte. Wie so viele andere neue Instrumente, lässt auch dieser sich dem Bereich der ganzheitlichen oder alternativen Behandlungsweisen zuordnen.

Mit dem Farblichtstrahler kann man Jin Shin-Punkte, Energiefelder und Meridiane am Körper bestrahlen. Wenn Sie den Aura-Soma-Farblichtstrahler einsetzen, so lesen Sie die Informationen über Jin Shin-Punkte und die Aura-Soma-Flaschen. Wählen Sie aus der Reihe der Farblichtstrahler-Phiolen die Farbe, die mit dem entsprechenden Punkt bzw. der Flasche korrespondiert. Legen Sie die Phiole in den Farblichtstrahler ein und beleuchten Sie mit diesem den Jin Shin-Punkt. Da der Farblichtstrahler sehr stark wirkt, wird empfohlen, an einem Punkt die Bestrahlungszeit von zwei Minuten nicht zu überschreiten. Der Farblichtstrahler kann sowohl direkt auf einem Punkt als auch in der Aura eingesetzt werden, die den Körper umgibt. Ich empfand die Anwendung in der Aura wirkungsvoller als an der Körperoberfläche. Der Aura-Soma-Farblichtstrahler kann sich beim Ausgleichen der Körperenergien bewähren, selbst wenn die Person bei der Bestrahlung vollständig bekleidet ist.

Entsprechend den Angaben unter „Strömungspunkte" können Sie den einen Punkt mit der einen Hand halten und den anderen Punkt mit dem Farblichtstrahler behandeln, z.B. bei Nr. 15: Halten Sie den rechten Punkt Nr. 15 mit der Rechten und beleuchten Sie mit dem Farblichtstrahler – darin die rote oder pinkfarbene Phiole – in der linken Hand den rechten Punkt Nr. 6. Halten Sie beide Punkte, bis Sie die Pulse spüren (jedoch nicht länger als 2 Minuten).[3]

Aura-Soma Nr. 0

Königsblau/Tiefmagenta
Spirituelles Notfallöl

SCHLÜSSELBEGRIFFE:

Kann dazu beitragen, Klarheit ins Sehen und Fühlen im körperlichen Leben zu bringen. Alles, was Sie
in den Raum der Farbe Tiefmagenta stellen, hat die
Gelegenheit zu wachsen. Akzeptiert alles. Es kann
nicht bewusst erkannt werden. Es ist reine Essenz.
Leere ist Form und Form ist Leere. Kein Urteilen im
Unterbewusstsein. Tiefmagenta ist die am meisten
integrierende Farbe. Göttliche Liebe geht im Dienen
auf. Praktisch und möglich. Die Möglichkeit, dass eine
Person ihr volles Potential zu verwirklichen vermag.
Isolation und die Erkenntnis einer tiefen Verbunden-
heit mit dem Göttlichen. Die Geburt von Königsblau/
Tiefmagenta folgte auf die der Equilibrium-Flasche
Nr. 34. Vicky spürte, dass sie diese Flasche an den
Anfang der Aura-Soma-Reihe stehen sollte und gab
ihr die Nummer 0.

SYNTHESE:

Was wir nicht kennen, ist der Treibstoff für alles Leben. Die Nr. 0 ist unmanifestiert. Im Tarot zeigt sie
den Narren, der mit dem Glauben durchs Leben geht,
dass alles sei, wie es sein sollte, und nichts in seiner
Bedeutung hinterfragt. Die Nr. 0 zu erleben heißt,
unser innerstes Wesen zu erleben. Urteilen Sie nicht
über das, was ist. Deshalb sagen wir bei Aura-Soma:
„Bringt Klarheit in das Sehen und Fühlen im körperlichen Leben." Es ist das Fühlen des Neugeborenen,
das grenzenlose Energie zum Ausdruck bringt.

Das universelle Oval, aus dem jede Lebensform trinkt, ist die Energie der göttlichen Liebe, die als Tiefmagenta erscheint. Das Königsblau verknüpft den göttlichen Geist mit dem höheren menschlichen Denken. Sowohl im oberen als auch im unteren Teil der Equilibrium-Flasche ist Rot versteckt, welches ins Körperliche zieht. Die Individualität steigt zwischen zwei Welten auf. Interessanterweise ist die Nr. 0 (Königsblau/Tiefmagenta) die dunkelste unter den bisher 102 Aura-Soma Equilibrium-Farbkombinationen. Dabei ist es gerade die Nr. 0, durch die das Licht im Anbeginn hindurchscheint. Das Licht kommt aus der Finsternis hervor.

Das Energie-Oval der Nr. 0 steht für die Hauptzentralenergie, auch bekannt als die sechste Tiefe[4], die uns mit dem Licht verbindet. Sie wird auch als das Urfeuer und das kosmische Ei bezeichnet. Die Nr. 0 verbindet das Unmanifestierte mit dem Manifestierten. Das Manifestierte ist der physische Körper, der die fünfte bis erste Tiefe umfasst. Das Unmanifestierte ist die Quelle aller Dinge und drückt sich aus durch die achte Tiefe (Grenzenloses Licht) und die siebte Tiefe (Licht). Das Licht ist die Sprache, in der Gott sich allem Leben mitteilt. Wenn Licht (Feuer) in unserer Atmosphäre mit Feuchtigkeit (Wasser) interagiert, entsteht der Regenbogen. Die Sprache des Lichtes wird zur Farbe, die energetisch mit unserem Körper, dem Denken und unseren geistigen Aspekten in Austausch tritt. Alle Zahlen (1-26) befinden sich im Bereich der fünften bis ersten Tiefe und haben einen spezifischen Platz am materiellen Körper. Diese nummerierten Punkte (auch Pforten genannt) sind „Orte der Bedeutung". Sie übermitteln eine Botschaft, die eine Fülle von Möglichkeiten für die Selbstentdeckung birgt. Sie sind Energiezentren und nicht eigentlich Teil der materiellen Anatomie. Die Energie für die Funktion dieser Punkte kommt aus dem Energie-Oval, das jeden von uns umgibt: die Nr. 0.

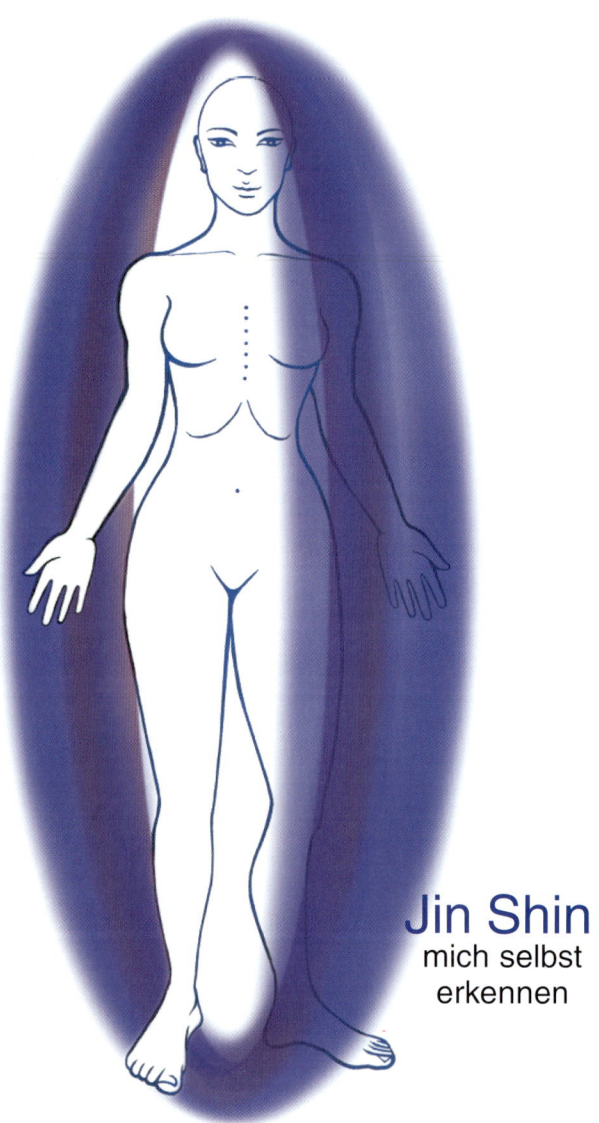

Jin Shin
mich selbst
erkennen

Jin Shin Nr. 0

Oval
Grenzenlos und vollständig

Kam grenzenlos, schrankenlos und vollständig ins Universum.
Das, was war, ist und sein wird. Raum für die Schöpfung des Lebens. Eintrittspunkt des Lichtes.

Ort: Ein Oval aus Energie umgibt den physischen Körper. Auf der Rückseite nach oben, auf der Vorderseite nach unten.

Das ist die unmanifestierte Energie, aus der alle anderen Energien und Strömungen kommen.

TAROT: Der Narr

STRÖMUNGSPUNKTE:
Diese Energie wird ausgeglichen, indem man den höchsten Punkt des Kopfes mit der rechten Hand hält und dann mit der Linken jeden Punkt auf der Mittellinie des Körpers an jedem Chakra-Zentrum. Sie beginnen mit der Stelle zwischen den Augenbrauen und enden über dem Schambein.
Nehmen Sie nun die rechte Hand vom Scheitel und legen Sie sie aufs Steißbein, während Sie das Schambein weiter mit der linken Hand halten.

Aura-Soma Nr. 1

Blau/Tiefmagenta
Körperliches Notfallöl

SCHLÜSSELBEGRIFFE:
Kommunikation mit dem inneren Wesen. Die Nr. 1 ist Bewegung aus dem Unmanifestierten heraus in die Form. Eine Gelegenheit, das göttliche Selbst kennen zu lernen. Dem Unmanifestierten noch nahe. Der Blick in die Stille ist die Antwort. Das männliche Prinzip. Kommunikation der göttlichen Liebe. Die Möglichkeit, klar zu lauschen und zu kommunizieren. Verständnis für die Qualität des Männlichen und Weiblichen. Inneres und Äußeres. Den Frieden zwischen dem Männlichen und Weiblichen in sich selbst herbeiführen und bewahren.

SYNTHESE:
Aura-Soma Nr. 1, das „körperliche Notfallöl", kann dazu beitragen, sich seines Körpers und jener empfindlichen Stellen bewusst zu werden, die ein wenig zusätzliche Aufmerksamkeit benötigen. Jin Shin Nr. 1 zu halten, hilft auch bei blauen Flecken und Quetschungen. Aura-Soma Nr. 1 konzentriert das Bewusstsein wie einen Laser auf einen Brennpunkt.

Die Eins ist pfeilgerade und trifft präzise ins Ziel. Jin Shin Nr. 1 hilft, eine Heilung zu beschleunigen. Der Punkt befindet sich an der Innenseite des Knies und regt zur Bewegung an. Der erste Schritt, den man unternehmen kann, ist die Bewegung von Nr. 1. Blau ist die erste Primärfarbe. Blau ist die erste Farbe, die alle Menschen beim Inkarnieren sehen, denn sie zieht in die physische Form. Es ist auch die letzte Farbe, die man kurz vor dem Tod genannten Übergang erblickt.

Das Blau des Göttlichen lädt ein zur Manifestation, die Verbindung zur Erde aufzunehmen. Ich bin hier; ich weiß, dass ich hier bin, und mein Körper bewegt sich aus der Kraft des Göttlichen. Die Füße auf der Erde, den Kopf im Himmel mit dem Impuls zur Bewegung.

In der Bibel heißt es im 23. Psalm: „Dein Stecken und Stab trösten mich." Ist damit der menschliche Körper gemeint, der aufrecht zum Symbol der Zahl Eins wird? Die Farbe im oberen Teil der Aura-Soma Equilibrium-Flasche Nr. 1 ist Blau. In der Bibel steht: „Im Anfang war das Wort." Worte kommen durch die Kehle, die im blauen Bereich des Körpers liegt. Die Aura-Soma-Farbkombination Nr. 1 schwingt mit der fundamentalen Wichtigkeit der Sprache, die ihre Kraft vom Göttlichen bezieht. Das Tiefmagenta resoniert mit dem Göttlichen und dem Anbeginn der Zeit.

Ich stelle mir die Nr. 1 vor wie den Jedi-Meister im „Krieg der Sterne". Er kämpft mit dem Laserschwert, das er einsetzt, um durch die Illusion zu schneiden. Im Vertrauen auf die Kräfte des Guten gewinnt der Jedi-Meister stets, denn die Kräfte des Guten stehen hinter ihm. Wie die Nr. 1 kommuniziert er durch Telepathie und beherrscht außersinnliche Fähigkeiten.

Jin Shin Nr. 1

Der Urbeweger
Verbindet extreme Höhe mit extremer Tiefe

Der erste Schöpfungsimpuls. Das gesprochene Wort. Erstes Licht und Ton. Erkenne dich als Abbild Gottes. Der große Weg ist einfach; was ihn erschwert, sind unsere Wahrnehmungen. „Ich bin die Antwort." Suchet, so werdet ihr finden. Ich bin der Atem im Atem. Lege durch dein Bewusstsein Zeugnis ab, um die Kraft des Lebens zu spüren. Vereinigt Himmel und Erde. Fördert Einheit und Bewegung. Im Menschen offenbart sich die kosmische Intelligenz. Verbindung über die Hypophyse. 6. und 7. Chakra. Gleicht Schädelknochen aus. Blaue Flekken und Quetschungen.

Ort: Medial (Innenseite) der Kniemitte
Planet/Zeichen: Merkur
Tarot: Der Magier

STRÖMUNGSPUNKTE:
Rechte Hand auf linke Nr. 1 und linke Hand auf rechte Nr. 1.
Rechte Hand auf linke Nr. 1 und linke Hand auf rechte Nr. 19.
Linke Hand auf rechte Nr. 1 und rechte Hand auf linke Nr. 19.

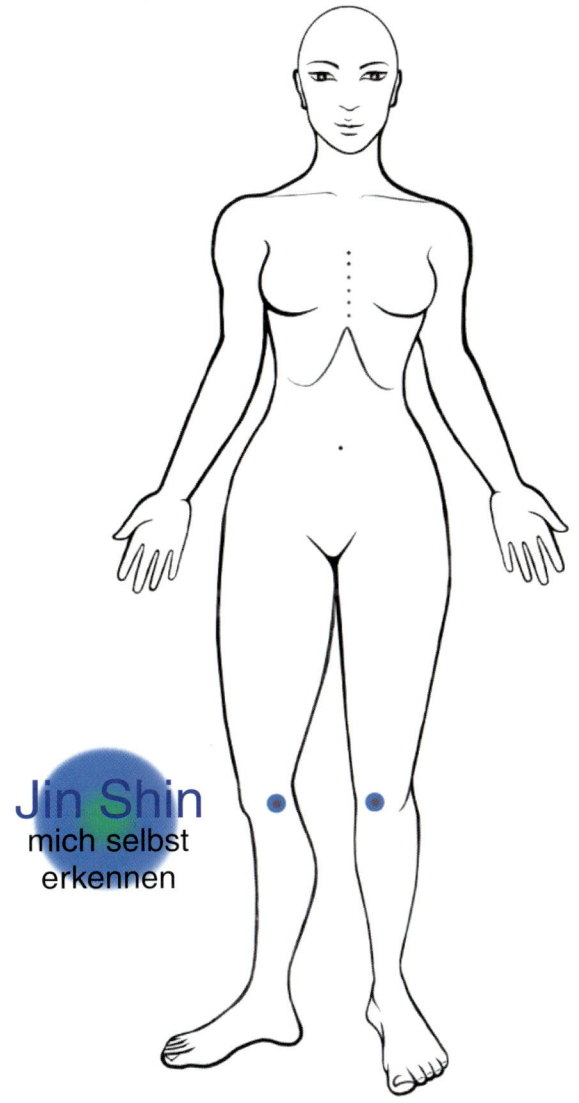

Jin Shin
mich selbst
erkennen

Aura-Soma Nr. 2

Blau/Blau
Friedensflasche

SCHLÜSSELBEGRIFFE:
Friedvolle Kommunikation mit den inneren Welten. Nährt die weibliche Energie. In der Nr. 2 liegt die Dualität. Verstehen. In der Beziehung mit dem Anderen kann man sich selbst kennen lernen. Das göttliche Mutter-Vater-Wesen ist die Lebenskraft für alle Geschöpfe. Weibliches Prinzip. Gegenseitige Anziehung. Harmonisierung des Kopfbereichs. Kehl-Chakra. Frieden schließen mit den männlichen und weiblichen Aspekten. Der Marien-Aspekt. Im Anfang war das Blau, im Anfang war das Wort. Nähren und beschützen. Die erste Farbe. Die Farbe des Übergangs.

SYNTHESE:
Der Jin Shin-Punkt Nr. 2 liegt am unteren Rücken, und zwar am oberen Rand des Hüftknochens, also in der Chakra-Zone von Orange zu Gold. Jin Shin betrachtet den Bereich oberhalb der Taille als Himmel, den unterhalb der Taille als Erde – „wie oben, so unten". Wenn im oberen Teil des Körpers etwas unausgeglichen ist, dann sollte man am unteren Teil des Körpers arbeiten, um es zu beheben. Die Aura-Soma Farbkombination Nr. 2 (Blau/Blau) weist auch auf die Komplementärfarbe Orange hin – der Zone, in welcher der Jin Shin-Punkt Nr. 2 liegt. Komplementärfarben beruhen auf der Dreiheit der Primärfarben: Ein Prinzip der Farbenlehre besagt, dass jeder Primärfarbe eine Sekundärfarbe gegen-

übersteht, die gleiche Anteile der beiden anderen Primärfarben enthält. Das Prinzip der Komplementärfarben, die die Dreiheit enthalten, präsentiert eine universelle und grundlegende spirituelle Wahrheit, die in religiösen Formen enthalten ist. Die Dreiheit ist eine universelle Grundlage. In der Dualität ist die Einheit enthalten. Diese Einheit innerhalb der Dualität ist grundlegend für die Bedeutung der ersten Primärfarbe: Blau. Nr. 2 (Blau/Blau) enthält die göttlichen Aspekte Schutz (Vater) und Nähren (Mutter). Aus der Nr. 1 („der Eins") kommt also die erste Dualität. Dies zu verstehen, bringt „Frieden", den Schlüsselbegriff für Aura-Soma Nr. 2 (Blau/Blau). Wir sehen die lebendige Botschaft innerhalb der lebendigen Farbe, die innerhalb unseres Körpers als Materie Ausdruck findet. Geist in Materie.

Man kann sagen, dass Jin Shin Nr. 2 am Körper ein Übergangspunkt zwischen Himmel und Erde ist. Auch für die Farbe Blau ist Übergang ein Schlüsselbegriff. Deshalb ist es angebracht, Aura-Soma Nr. 2 (Blau/Blau) auf Jin Shin Nr. 2 zu platzieren. Es zeigt sich auch der Zusammenhang, dass Jin Shin Nr. 2 in der orangefarbenen Zone des Körpers liegt. Betrachten wir beide Systeme nebeneinander, ist die erste Zahl nach der Eins die Nr. 2. Das ist Dualität. Zwischen der Aura-Soma-Farbe und der Jin Shin-Lage am physischen Körper können wir das Prinzip der Komplementärfarben feststellen. Das grundlegende Prinzip im esoterischen Denken lautet: „Die Zwei ist die Weisheit des Einen."

Im Jin Shin steht die Nr. 2 für Weisheit, das Blau/Blau von Aura-Soma Nr. 2 steht für Kommunikation mit dem inneren Wesen. Durch die Kommunikation mit dem inneren Wesen kann man zu seiner inneren Weisheit finden. Betrachtet man das Blau als Repräsentation des „Wortes", kann man seine Stimme aus der Tiefe seines Wesens mit der Macht seiner Weisheit hervorbringen. Dies kann man tun in dem Wissen, dass man durch das Wort die Kreativität seines Wesens manifestieren und sie mit anderen zu teilen vermag. Die komplementären Bereiche des Körpers – Blau: Kommunikation, und Orange: Beziehung – arbeiten zusammen. Der Orange- und Gold-Bereich, der für Weisheit und Beziehung steht, manifestiert sich durch das Blau. Das Wort drückt dann aus, wie man seine innere Weisheit mitteilen kann.

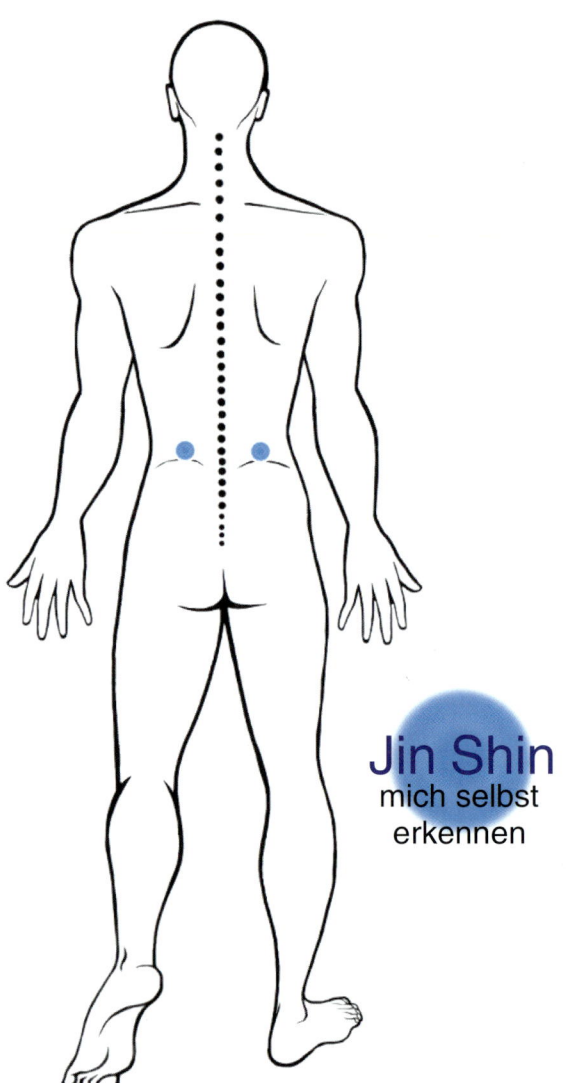

Jin Shin
mich selbst
erkennen

Jin Shin Nr. 2

Weisheit
Lebenskraft für alle Geschöpfe

Weisheit des „Einen = 1". Verbindet Himmel und Erde. Bringt den Atem in den Körper. Ich bin der Schöpfer und sehe mich selbst. Bringt Mühelosigkeit zurück zu Körper, Denken und Geist.

Ort: Oberer Darmbeinkamm (Oberkante hinten)
Planet/Zeichen: Jupiter
Tarot: Die Hohepriesterin

STRÖMUNGSPUNKTE:
Rechte Hand auf rechte Nr. 2 und linke Hand auf linke Nr. 2.
Rechte Hand auf rechte Nr. 2 und linke Hand auf rechte Nr. 6.
Dann linke Hand auf linke Nr. 2 und rechte Hand auf linke Nr. 6.

Aura-Soma Nr. 3

Blau/Grün
Die Atlanter-Flasche, die Herzflasche

SCHLÜSSELBEGRIFFE:

Die Atlanter-Flasche. Die nährende Kommunikation des Herzens. Schöpferischer Selbstausduck. Die Nr. 3 birgt einen expansiven Überschwang fürs Leben. Im Grün verborgen, enthält sie die Dualität von Blau und Gelb und die Verheißung der Schöpfung – des Rots, das die Komplementärfarbe zu Grün ist –, durch das Herz Ausdruck zu finden. Die Weisheit der Strahlen. Gleicht das Herz-Chakra aus. Ausdruck des Friedens im bewussten Denken durch das Herz. Nährend aus dem Blau und dem Herzraum im Grün. Verschmilzt zu Türkis; die Fähigkeit, aus dem Herzen zu sprechen. Die Fähigkeit, aus innerer Ausgeglichenheit zu sprechen, seinem Herzen Ausdruck zu verleihen.

SYNTHESE:

Hier sehen wir den Zusammenhang der Bedeutungen der Nr. 3 in beiden Systemen: Übereinstimmung herrscht darin, dass es die Funktion des Jin Shin-Punktes Nr. 3 ist, mit dem Immunsystem zu arbeiten, während sich die Farben Blau und Grün der Aura-Soma Farbkombination Nr. 3 auf diesen Bereich des Körpers beziehen. Dieser Zusammenhang kommt durch die Lage der Farbzone am Körper zustande. Der Jin Shin-Punkt Nr. 3 befindet sich in der Zone der türkisfarbenen Energie hinter dem Ananda-Khanda-Zentrum auf dem Rücken. Aura-Soma Nr. 3 (Blau/Grün) verschüttet sich zu Türkis.

Das Türkis erschließt die Kommunikation auf zellulärer Ebene. Wenn man durch Jin Shin Nr. 3 mit der lebendigen Energie von Türkis in dieser Aura-Soma Farbkombination Nr. 3 kommuniziert, ist es möglich, dass das Bewusstsein sich auf die feinstofflichen Energien auf der zellulären Ebene einstimmmt.

Die Farbe Türkis wird auch mit schöpferischer Kommunikation assoziiert. Als „Geburtsort aller Schöpfung" steht Jin Shin Nr. 3 auch damit in Verbindung. Was bedeutet dies? Der Punkt Nr. 3 ist der Ort des Ananda-Khanda-Zentrums, des „erhöhten" Herzens, das auch als das 4½. Chakra bezeichnet wird. Das erhöhte Herz liegt auf der rechten Seite des Brustkorbes gleich unterhalb des Schlüsselbeins und vor dem rechten Jin Shin-Punkt Nr. 3. Das Ananda-Khanda-Zentrum birgt die uralten Aufzeichnungen von den Mustern der Existenz. Es obliegt dem „Suchenden", das Ganze der Schöpfung und die Energie zu entdecken, die dem „Seelenstern" hilft, seine jeweilige Seite in der Akasha-Chronik zu offenbaren.

Die „Herrscherin" (auf der Tarotkarte Nr. 3) symbolisiert die Manifestation in die Welt. Dieser Individuationsprozess kann helfen, die eigene Verantwortung gegenüber dem Kollektiv zu verstehen, indem man sich für das Ananda-Khanda-Zentrum öffnet. So lässt sich auch die universelle Liebe erreichen, die von hier aus fließt. Es sollte ein gemeinsames Anliegen sein, darauf zu achten, dass die Art des Selbstausdrucks vom Herzen bestimmt ist.

Jin Shin Nr. 3

Die „Tür" zum Verständnis
Trinität

Der Geburtsort aller Schöpfung. Abwehr gegen alle Probleme, Unbehagen und Viren. Körper, Seele und Geist. Harmonie. Natürliches Antibiotikum für das ganze Wesen. Vollendung. Ich bin frei von allen Einstellungen. Der vollkommene Lebensodem.

Ort: Innere obere Ecke des Schulterblatts, neben der Wirbelsäule
Planet/Zeichen: Venus
Tarot: Die Herrscherin

STRÖMUNGSPUNKTE:
Linke Hand auf rechte Nr. 3 und rechte Hand auf linke Nr. 3.
Rechte Hand auf rechte Nr. 3 und linke Hand auf linke Nr. 21.
Dann linke Hand auf linke Nr. 3 und rechte Hand auf rechte Nr. 21.

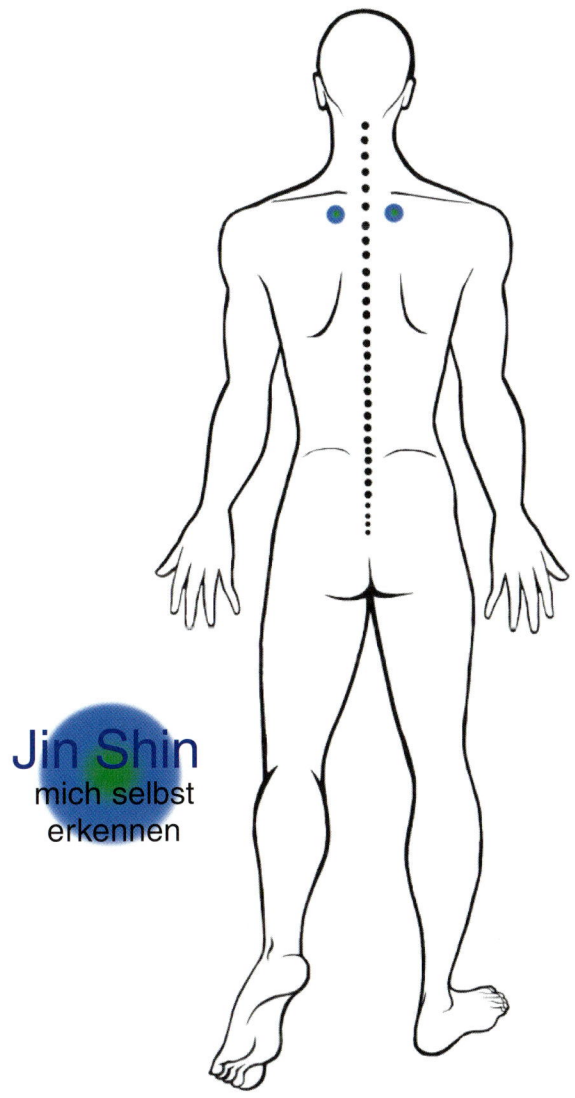

Jin Shin
mich selbst
erkennen

Aura-Soma Nr. 4

Gelb/Gold
Sonnenflasche/Sonnenlicht

SCHLÜSSELBEGRIFFE:

Wissen und Weisheit. Der Denker, der Student, der Lehrer. Kann helfen, spirituelle Ideen in konkrete Form zu transformieren. Sonnenbewusstsein, verbindet mit der Intuition.

SYNTHESE:

Punkt Nr. 4 ist die Brücke zur Schöpfung. Auf dem physischen Körper liegt der Jin Shin-Punkt Nr. 4 an der Basis des Schädels links und rechts der Wirbelsäule. Symbolisch betrachtet, ist dies eine Stelle am Körper, wo Energie übergeht von der Idee (Energie) durch den blauen Bereich des Körpers (die Kehle) zur Form und Manifestation im Körper. Aura-Soma Nr. 4 (Gelb/Gold) und Jin Shin Nr. 4 handeln beide davon, Ideen in den Ausdruck zu bringen, und beide haben einen Bezug zur Wirbelsäule. In beiden Systemen ist die Nr. 4 wichtig für den Prozess des Lernens. Aura-Soma sagt ferner, dass die Nr. 4 „solares Gewahrsein bringt und mit der Intuition verbindet". Das Gelb in Nr. 4 bezieht sich auf die Haut, das wichtigste Sammelorgan von Sonnenenergie für unseren Organismus. Die Haut ist unser größtes Sinnesorgan, und Sensitivität ist einer der Wege, auf dem wir unsere Intuition entfalten. Die Sonne ist für diesen Planeten und alle Wesen, die ihn bevölkern, der Geber allen Lebens, denn ohne die Sonne wäre nichts am Leben. Das Gelb/Gold enthält den vollen Ausdruck der Sonne.

Im unteren Teil der Nr. 4 ist Rot versteckt. Im Jin Shin heißt es über die Nr. 4, dass hier Lebenskraft (Rot) eintritt. Die Energie von Nr. 4 mit ihrem Rot-Anteil ist dazu bestimmt, den Weg zur Nr. 5 zu gehen, wo das Gold zum vollen Ausdruck jener Lebenskraft wird, die geerdet ist. Führen Sie sich vor Augen, dass die Energie, um von der Nr. 4 (auf dem Rücken) zur Nr. 5 zu gelangen, über den Kopf und die ganze Vorderseite des Körpers hinunter fließt, dabei Licht in alles bringt, das sie berührt, und so die Idee des Geistes ordnet und verwirklicht.

Die Nr. 4 gibt die mentale Zuversicht und das emotionelle Vertrauen, die einem erlauben, die Weisheit und die Einsichtskraft des Intellekts zum Ausdruck zu bringen. Aura-Soma sagt über Nr. 4: „Steigt empor zu eurem Seelenstern und zur Weisheit des Einen." Die Jin Shin-Punkte Nr. 14 – 1 und 4 – liegen unterhalb der Rippen im Solarplexus-Bereich. Nehmen Sie sich etwas Zeit, um die Farben in der Aura-Soma Equilibrium-Flasche Nr. 14 (Klar/Gold) zu betrachten, bei der es um die Verbindung mit dem Seelenstern geht. Am physischen Körper arbeiten die Jin Shin-Punkte Nr. 14 mit der mentalen Ebene.

Wenn Sie den Jin Shin-Punkten Nr. 4 helfen möchten, können Sie mit den Punkten Nr. 14 arbeiten. Betrachtet man die Aura-Soma Farbkombination Nr. 14, sieht man, dass sie Gold enthält, die Energie der Weisheit. Der Intellekt ist Gelb, die Weisheit ist Gold; Aura-Soma Nr. 4 ist Gelb/Gold.

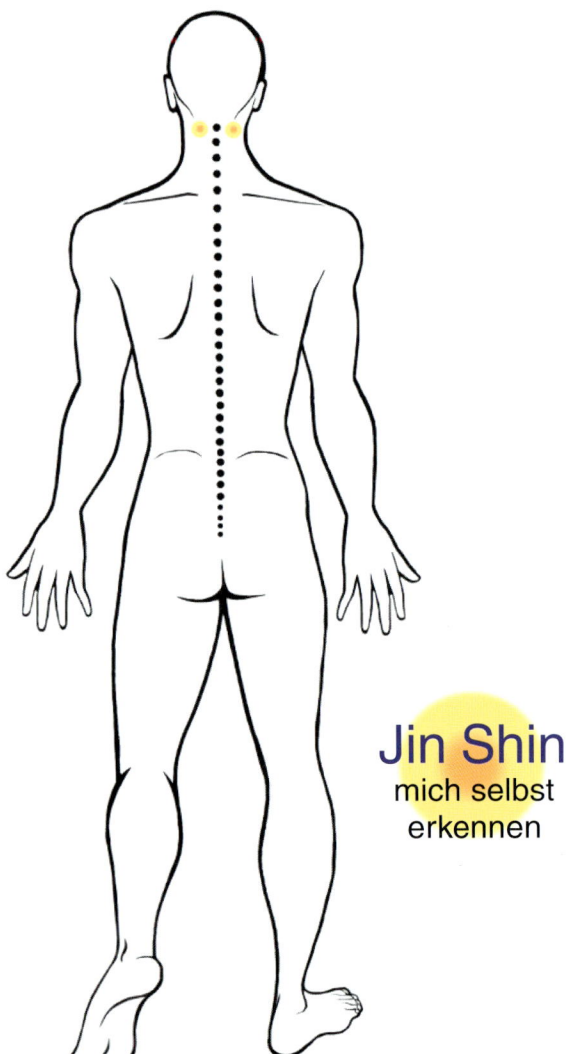

Jin Shin
mich selbst
erkennen

Jin Shin Nr. 4

Intelligenz messen
„Das Fenster"

Die Brücke des Bewusstseins. Das Tor der Materie. Die doppelte Weisheit. Verbindet Weisheit mit der Quelle. Die Brücke zur Schöpfung.
Misst Intelligenz. Misst Energie. Die webende Prinzessin. Durch das Fenster strahlen Wissen, Licht und Luft ein und aus. Verständnis für die Lebenskraft.

Ort: Schädelbasis, links und rechts
Planet/Zeichen: Mars
Tarot: Der Herrscher

STRÖMUNGSPUNKTE:
Rechte Hand auf rechte Nr. 4 und linke Hand auf linke Nr. 4.
Linke Hand auf rechte Nr. 4 und rechte Hand auf rechte Nr. 13.
Dann rechte Hand auf linke Nr. 4 und linke Hand auf linke Nr. 13.

Aura-Soma Nr. 5

Gelb/Rot
Sonnenaufgang/
Sonnenuntergang

SCHLÜSSELBEGRIFFE:
Die Weisheit zum sorgsamen Umgang mit der Energie, die man hat. Ein Akt des Zusammenhalts. Die Freude an Wissen und Erkenntnis. Der Intellekt mit der Energie der materiellen Ebene, innerhalb dessen Wissen und Liebe zum Ausdruck zu bringen sind. Erlangt Freude in der weiblichen Sexualität.

SYNTHESE:
Wir erkennen, dass dieses Leben einen Zweck hat. Rot, die Farbe der materiellen Welt, ist in Aura-Soma Nr. 5 enthalten. Jin Shin Nr. 5 liegt an der Achillessehne an der Innenseite des Knöchels und verbindet mit der Erde. Die Farbe Rot steht für Erde, Leben und Lebenskraft. Wenn man die Erd-Energie und die Lebenskraft klug gebraucht, ist man frei, intensiv am Leben teilzuhaben. Das Leben enthüllt seine große Fülle. Wenn man bewusst am Leben teilnimmt, vermag man seine Freiheit zu verwirklichen. Grabe deine Fersen in die Erde und sei geerdet.

Wenn Sie Aura-Soma Nr. 5 (Rot/Gelb) verschütteln, entsteht die Farbe Orange. Veränderung ist ein Schlüsselwort von Orange. Die Weisheit der Nr. 5 in Jin Shin, Aura-Soma und in der Numerologie ist ebenfalls Veränderung, das Aufsteigen über die fünf Sinne hinaus. Wir können uns erst dann über die fünf Sinne erheben, wenn wir erfahren haben, was die fünf Sinne sind und bedeuten.

Die Lage von Nr. 5 am lebendigen Menschen verleiht Stabilität, während man lernt, sich selbst in der materiellen Welt zu erleben. Die Nr. 5 bedeutet also, praktisch zu sein, mit den Füßen auf dem Boden zu stehen, über das Leben zu lernen und seine Weisheit in Gestalt von Freude und Liebe mit anderen zu teilen. Die Nr. 5 in beiden Systemen bewirkt Stabilität. Man wird frei, um mit Freude zu leben und in dem Wissen, dass die Veränderung, die gelebte Wirklichkeit jedes Tages, volle Unterstützung erfährt. Diese Veränderung bringt die Gelegenheiten, die eigene Rolle in der Schöpfung eingehender kennen zu lernen.

Jin Shin Nr. 5

Erneuerung
Legt das Alte ab und nimmt das Neue an

Freiheit von Bindung. Geist lebt als Materie. Spiral-förmiger Abstieg in die Schöpfung. Erhebt sich über die fünf Sinne. Lösung von der Bindung des Selbst. Verstehe und überwinde Angst. Veränderungen. Überprüfung der Einstellungen. Grundlage aller Körpersysteme. Kümmert sich um Angst.

Ort: Innenseite des Fußgelenks, zwischen Knöchel und Ferse
Planet/Zeichen: Merkur
Tarot: Der Hierophant

STRÖMUNGSPUNKTE:
Linke Hand auf linke Nr. 5 und rechte Hand auf rechte Nr. 5.
Linke Hand auf linke Nr. 5 und rechte Hand auf rechte Nr. 15.
Dann rechte Hand auf rechte Nr. 5 und linke Hand auf linke Nr. 15.

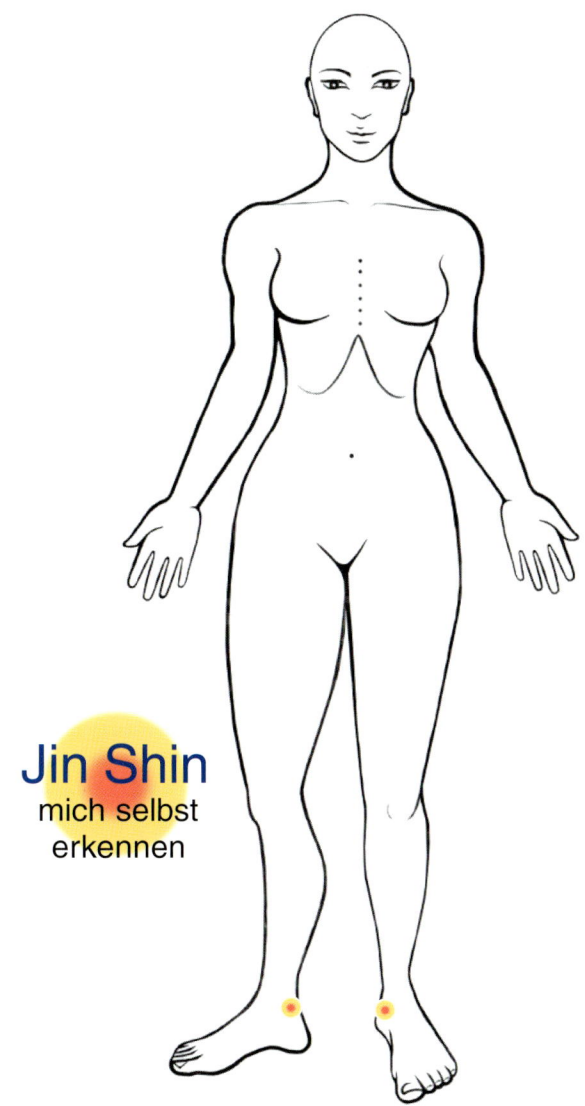

Jin Shin
mich selbst
erkennen

Aura-Soma Nr. 6

Rot/Rot
Die Energie- und Erdungsflasche

SCHLÜSSELBEGRIFFE:

Die Basisenergie für Liebe. Leidenschaft, Überleben und Vitalität im Bewussten und Unbewussten. Energie und Erdung, die erforderlich sind, um die Leidenschaft zum Leben aufzubringen. Energie zur Liebe. Gib der Liebe Gestalt und mache sie zur Wirklichkeit.

SYNTHESE:

Am Fußgewölbe an der Innenseite des Fußes äußert sich Jin Shin Nr. 6 als Liebe und Ausgeglichenheit. Aura-Soma Nr. 6 (Rot/Rot) ist ebenfalls Energie, Liebe und die Erde. Die esoterische Bedeutung der Nr. 6 ist „Gesetz und Ausgleich", zu geben, was wir empfangen. Seine Lebensenergie im Dienst am Leben zu geben.

Das Wort „Was du säst, wirst du auch ernten" erscheint sinnvoll, wenn wir das Gesetz als Schlüsselbegriff von Nr. 6 betrachten. Das Gesetz heißt, dass wir Liebe zum Ausdruck bringen, und wie wir die Liebe zum Ausdruck bringen sollen, so wird sie uns erwidert.

Unsere Liebe, die als Energie erwidert wird, ist die neue Energie von der Erde. Liebe ist neue Energie für einander und für das Gleichgewicht aus dem eigenen Inneren. Sie ist die Grundenergie für das Überleben. Indem man mit beiden Füße auf dem Boden steht und seine Liebe in der Welt zum Ausdruck bringt, erfüllt man das Gesetz Gottes. Indem man sein Herz und seine Liebe in den Dienst an der Erde und für einander stellt, kann man sein Überleben unterstützen und die Fülle des Lebens erleben.

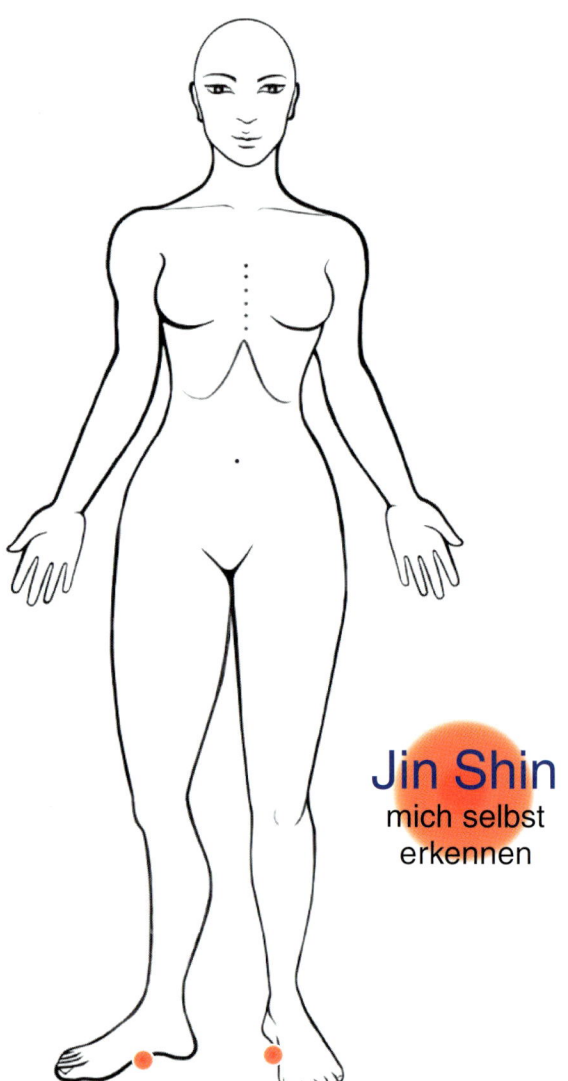

Jin Shin
mich selbst
erkennen

Jin Shin Nr. 6

Gleichgewicht, Unterscheidungsvermögen

Doppelte Dreiheit. Gleichgewicht für diese Form. Schöpferische Impulse. Herz-Zentrum. Gleichgewicht der Liebe. Unterscheidungsvermögen. Zentrum des sechszackigen Sterns

Ort: Am Fußgewölbe an der Innenseite des Fußes
Planet/Zeichen: Venus
Tarot: Die Liebenden

STRÖMUNGSPUNKTE:
Rechte Hand auf rechte Nr. 6 und linke Hand auf linke Nr. 6.
Rechte Hand auf rechte Nr. 6 und linke Hand auf linke Nr. 15.
Dann linke Hand auf rechte Nr. 6 und rechte Hand auf rechte Nr. 15.
Linke Hand auf linke Nr. 6 und rechte Hand auf die linke kleine Zehe.
Dann rechte Hand auf rechte Nr. 6 und linke Hand auf die rechte kleine Zehe.

Aura-Soma Nr. 7

Gelb/Grün
Der Garten von Gethsemane

SCHLÜSSELBEGRIFFE:
Die Weisheit, dem Prozess/Fortgang des Lebens zu vertrauen. Erkenne deine eigenen Bedürfnisse. Gib dir selbst Raum im Unterbewussten. Die bewusste Entscheidung, auf deinem eigenen Weg deinem Herzen zu folgen. Vertraue dem Selbst. Erkenne das wahre Selbst. Die Welt des Sieges. Der Triumph von Geist über Materie. Neuer Raum, um Weisheit aus dem Herzen zu geben.

SYNTHESE:
Die Aura-Soma-Farbkombination Nr. 7 verschüttelt sich zu der Farbe Oliv. Olivgrün ist der Ausdruck von weiblicher Führung. Weibliche Führung ist bereit, Neues auszuprobieren. Sie lässt zu und vertraut, dass andere sich an dem Prozess der Entscheidungsfindung beteiligen. Das ist der neue Weg, dem Selbst zu vertrauen. Symbolisch sind wir willens, Neues auszuprobieren, wenn wir unsere große Zehe als vordersten Teil unseres Körpers in die Welt vorausstrecken, auf die wir zugehen. Der Jin Shin-Punkt Nr. 7 hat hier seinen Platz, an beiden Großzehen.

Sowohl bei Aura-Soma als auch im Jin Shin drückt die Nr. 7 das Wort *Vertrauen* aus. Vertrauen ist eine Qualität, die man auf seinem Weg durch die Zyklen des Lebens benötigt. Wenn man auf den Prozess und die Zyklen des Lebens vertraut, besteht die Möglichkeit, dass sich der Pfad, den man wählt, vor einem auftun wird.

Wenn man voller Vertrauen ist, können sich die geeigneten nächsten Schritte in einem Zyklus zeigen. Dann kann man erkennen, dass der *Prozess* das Ziel ist.

Jin Shin Nr. 7

Sieg
Vollendete Lebenskraft

Sieben Schöpfungstage
Siebener-Zyklen
Der Prozess ist das Ziel. Im Wissen und Vertrauen
auf die Zyklen geschieht Wachstum. Die Fähigkeit
zu empfangen.

Ort: Mitte der Großzehenunterseite
Planet/Zeichen: Krebs
Tarot: Der Wagen

STRÖMUNGSPUNKTE:
Rechte Hand auf rechte Nr. 7 und linke Hand auf
linke Nr. 7.
Linke Hand auf linke Nr. 5 und rechte Hand auf
linke Nr. 7.
Dann rechte Hand auf rechte Nr. 5 und linke Hand
auf rechte Nr. 7.

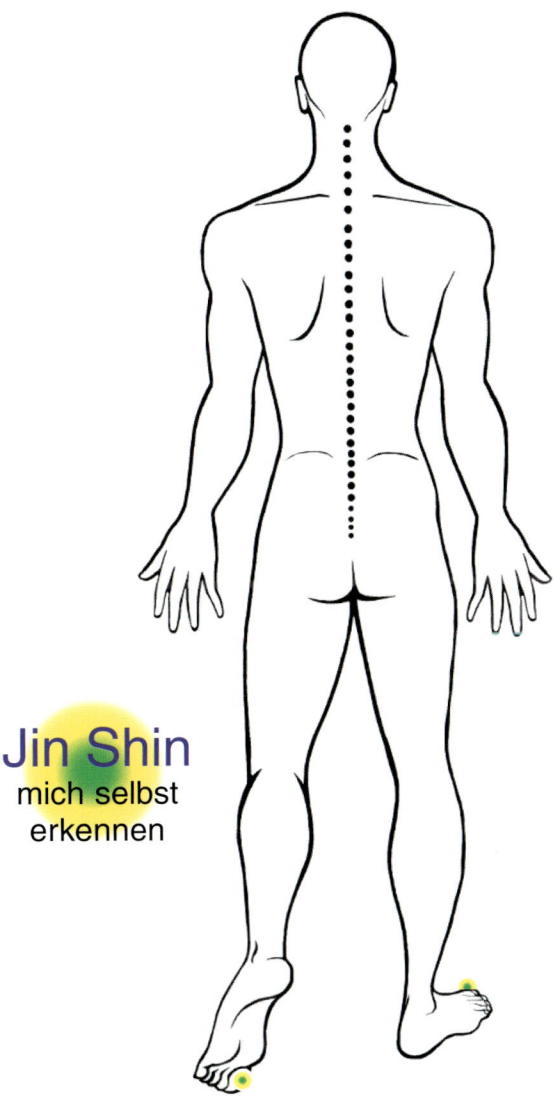

Jin Shin
mich selbst
erkennen

Aura-Soma Nr. 8

Gelb/Blau
Anubis

SCHLÜSSELBEGRIFFE:
Weisheit durch innere Mitteilungen. Verschüttet sich zu Grün. Das Herz bestimmt den Rhythmus des Seins. Weisheit im Gelb und Frieden im Blau. Lausche auf dein Herz, das deine Wahrheit mitteilt. Eine Herz-Chakra-Flasche, weil sie sich zu Grün verschüttelt. Das Herz dieser Farbkombination ist das Herz, das auf innere Weisheit lauscht. Die Furcht, mitzuteilen, wer du bist. Sprich deine Wahrheit aus. Der doppelte Schlangenkreis. Das Mysterium der Liebe.

SYNTHESE:
Es besteht ein Zusammenhang zwischen der energetischen Funktion des Jin Shin Nr. 8 (an der Außenseite und etwas unterhalb des Knies) und dem Herzen.
Wir sehen auch, dass die Farbe von Aura-Soma Nr. 8 (Gelb/Blau) sich zu Grün verschüttelt. Die Figur der Acht ist ein Symbol für die Bewegung des Blutes durch das Herz. Die Struktur des Herzens birgt die Doppelhelix. Die Zahl 8 enthält energetisch die Doppelhelix. Eine der Funktionen des Jin Shin-Punktes Nr. 8 ist es, den Rhythmus des Herzens zu bestimmen.
Betrachten wir die Schlüsselbegriffe für Jin Shin Nr. 8, stoßen wir auf Rhythmus. Das Herz bestimmt den Rhythmus für das Blut, das durch die Farbe Rot repräsentiert wird. Rot steht für Lebenskraft.

Jin Shin Nr. 8 zu öffnen heißt, das Becken zu öffnen. Wenn das Becken offen ist, kann die Energie von Jin Shin Nr. 13 (dem herznächsten Punkt) herunter fließen und in die Materie eintreten. Hier kommt die Beziehung zwischen den Komplementärfarben Grün und Rot zum Ausdruck.

Grün ist das Herz-Chakra, und seine Komplementärfarbe (Rot) steht für das Basis-Chakra und die Beckenregion. Das Mysterium der Liebe besteht darin, die Liebe aus dem Herzen zum Ausdruck zu bringen und sich für intime Beziehungen zu öffnen. In Aura-Soma heißt es, dass das Herz die geeignete Ausdrucksform für Rot ist.

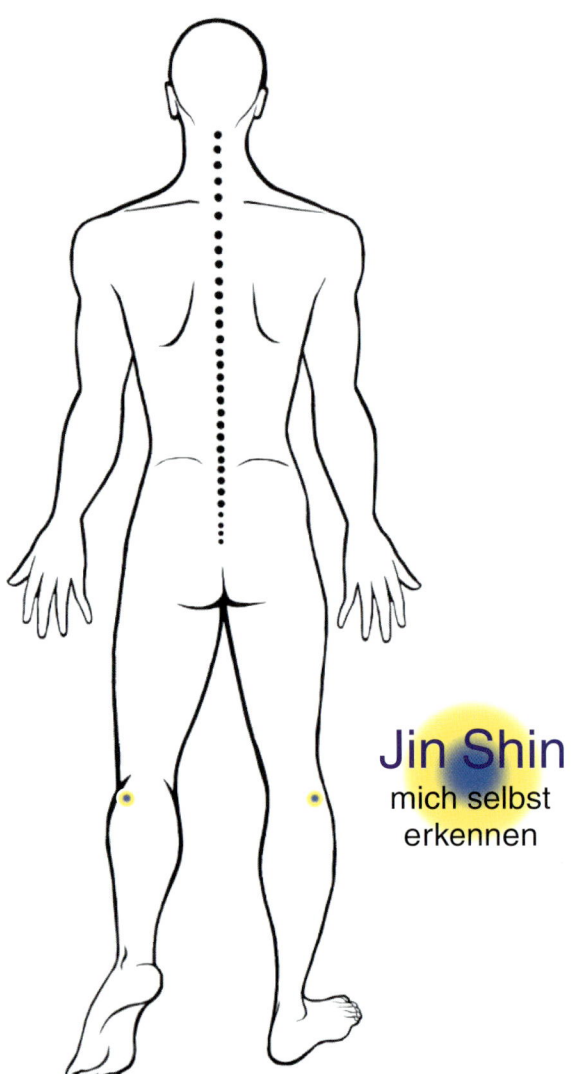

Jin Shin
mich selbst
erkennen

Jin Shin Nr. 8

Rhythmus
Stärke und Frieden

Zeichen der Unendlichkeit. Magie. Doppelte Vier. Transformation des ganzen Körpersystems.

Ort: Unterhalb des Knies, außen
Planet/Zeichen: Merkur
Tarot: Die Gerechtigkeit (Aura-Soma), Stärke (Jin Shin), (siehe letzter Absatz Nr. 11)

STRÖMUNGSPUNKTE:
Rechte Hand auf rechte Nr. 8 und linke Hand auf linke Nr. 8.
Rechte Hand auf rechte Nr. 8 und linke Hand auf Innen- und Außenseite des rechten Knöchels.
Dann linke Hand auf linke Nr. 8 und rechte Hand auf Innen- und Außenseite des linken Knöchels.

SCHLÜSSELBEGRIFFE:

Das transzendente Herz. Frieden, um deine eigene Wahrheit auszusprechen. Kommunikation aus deinem Herzen. Raum finden im Unbewussten, um sich aus dem Herzen mitzuteilen. Über den kleinen Willen (Ich) hinaus zum größeren Willen (Ich) gehen. In eine neue Richtung, nachdem du erkennst und aussprichst, wer du bist.

SYNTHESE:

Jin Shin Nr. 9 („klarer Zustand") und Aura-Soma Nr. 9 („Kristallhöhle") vermitteln so etwas wie den Blick auf eine projizierte Gedankenform. Während Jin Shin Nr. 9 hilft, die Vergangenheit loszulassen, kann man die Gabe des Türkis in Aura-Soma Nr. 9 erkennen. Türkis ist eine Farbe des Neuen Zeitalters, eine dimensionsübergreifende Farbe, die den Menschen durch die Energien der Kristalle mit der Vergangenheit, der Zukunft und durch den Raum verbindet.

Das Fundament des Menschen ist seine Verbindung zu dem Wissen des Universums, dessen er teilhaftig wird, wenn er sich von dem „kleinen Ich" zum universellen Bewusstsein hin bewegt. Der kosmische Ozean schwingt nach der heiligen Bedeutung der Neun. Wahrheit schwimmt im Ozean der Liebe.

Wenn eine Pflanze stirbt, hinterlässt sie Samen. Im Samen ist die Erinnerung der Pflanze und die

Aura-Soma Nr. 9

Türkis/Grün
Die Kristallhöhle
Das Herz im Herzen

Verheißung eines frischen Neubeginns. Wir können auch sagen, dass die Basis dessen, wer wir sind, eine Erinnerung von dem ist, der wir früher waren. Das Symbol für diese Erinnerung an das Frühere ist der Same. Das Samenkorn ist die Nr. 9 selbst. Die Nr. 9, die Zahl von Zyklen, bedeutet, dass dies das Ende und zugleich der Anfang ist. Es sei daran erinnert, dass die Nr. 9 ein Geheimnis in sich trägt: Wenn wir sie zu einer anderen Zahl addieren, wird diese Zahl wieder zu sich selbst – auf eine neue Weise (z.B. $4 + 9 = 13 = 4$).

Jin Shin Nr. 9

Das Ende eines Zyklus ist der Beginn eines neuen.

Das Ende ist die Saat für einen frischen Anfang. Die Grundlagen. Klarer Zustand. Die Vergangenheit loslassen.

Ort: Zwischen unterem Ende des Schulterblatts und der Wirbelsäule
Planet/Zeichen: Allumfassend
Tarot: Der Eremit

STRÖMUNGSPUNKTE:
Rechte Hand auf linke Nr. 19 und linke Hand auf rechte Nr. 19.
Rechte Hand auf linke Nr. 1 und linke Hand auf linke Nr. 8.
Dann linke Hand auf rechte Nr. 1 und rechte Hand auf rechte Nr. 8.

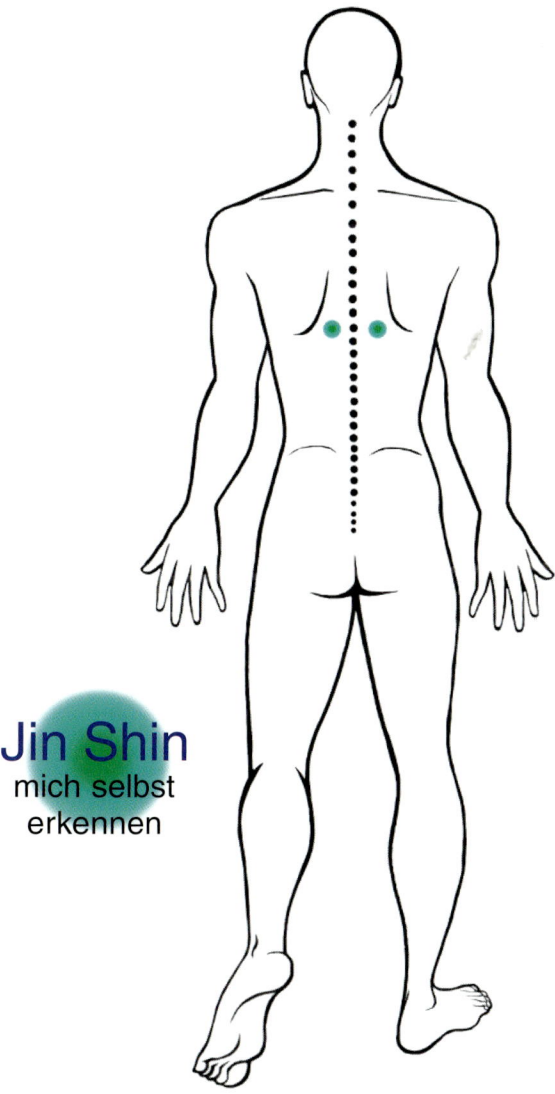

Jin Shin
mich selbst
erkennen

Aura-Soma Nr. 10

Grün/Grün
„Geh, umarme einen Baum"

SCHLÜSSELBEGRIFFE:
Wegkreuzung. Eine Zeit der Wahl. Zeit und Raum, um mit seinen Gefühlen in Verbindung zu sein. Harmonie. Bringe das höhere Selbst auf die Erde und sei bereit, etwas mit ihm zu tun.

SYNTHESE:
Es heißt, die Gefühle seien das Sprachrohr der Seele. Aura-Soma Nr. 10 (Grün/Grün) öffnet Zeit und Raum, um mit den Gefühlen in Verbindung zu sein, und mit Jin Shin Nr. 10 ist grenzenlose Lebenskraft verbunden. Indem man aus dem Grün des Herzens den Gefühlen folgt, kann man die Blaupause von Gottes Plan (Blau/Blau, versteckt) mit dem kleinen Willen (Gelb/Gelb, versteckt) vereinigen. Wenn diese beiden Aspekte miteinander verschmelzen, werden Synchronizitäten im Leben bewusst, die den eigenen Weg und das Vorankommen unterstützen. Synchronizität ist ein Geschenk der Grün-Energie, man nennt sie auch „das Wirken Gottes, wenn Er anonym bleiben will".
Es geht um „eine Zeit der Wahl" (Aura-Soma), und im Jin Shin steht über der Nr. 10: „Ans Kreuz genagelt werden." Worin besteht hier die Wahl? Ist die Wahl Neid? Bekanntlich gehört zu den Erfahrungen des Grüns, den eigenen Raum zu finden. Meint man, der Raum eines anderen sei besser als der eigene, oder ist man Mitschöpfer in seinem eigenen Raum, um das versteckte Gelb (kleiner Wil-

len) und Blau (göttliche Blaupause) zu vereinigen? Auf diese Weise kann man der Welt von Herzen geben, was man ist. Von dem Kreuz von Zeit und Raum herabzusteigen heißt, die eigene Wahrheit zu finden, die eigene Lebensweise. Mike Booth sagt: „Es zählt nicht, was wir tun, sondern wie wir es tun." Das Herz ist, wo wir unser Karma verwandeln und unser Dharma praktizieren können. Das ist die Fülle des Universums.

Vicky nannte Aura-Soma Nr. 10 (Grün/Grün): „Geh, umarme einen Baum." Dies lässt eine interessante Deutung zu. Ein Aspekt der Nr. 10 ist „grenzenlose Lebenskraft". Wenn man die Arme ausbreitet, um einen Baum zu umarmen, öffnet man seine Jin Shin-Punkte Nr. 10. Diese Punkte sind im Chi-Gong von großer Bedeutung, weil man hier die Fülle des Chi aufnimmt. Die Gestik, wenn man einen Baum umarmt, dehnt den Menschen und zieht ihn in die Welt hinaus. Bedenken Sie, dass das Herz-Chakra der einzige Bereich des Körpers ist, der sowohl auf der vertikalen als auch der horizontalen Ebene existiert. Während Sie Ihren Atem zur Ernährung allen Grüns der Natur hinausgeben, erhalten Sie von der Natur dafür Sauerstoff. Dieser Vorgang ist ein Akt der gemeinsamen Schöpfung mit der Natur. Das Umarmen eines Baumes kann dann eine Metapher für die Fülle im Leben sein, wenn man dem Leben aus dem Herzen heraus gibt.

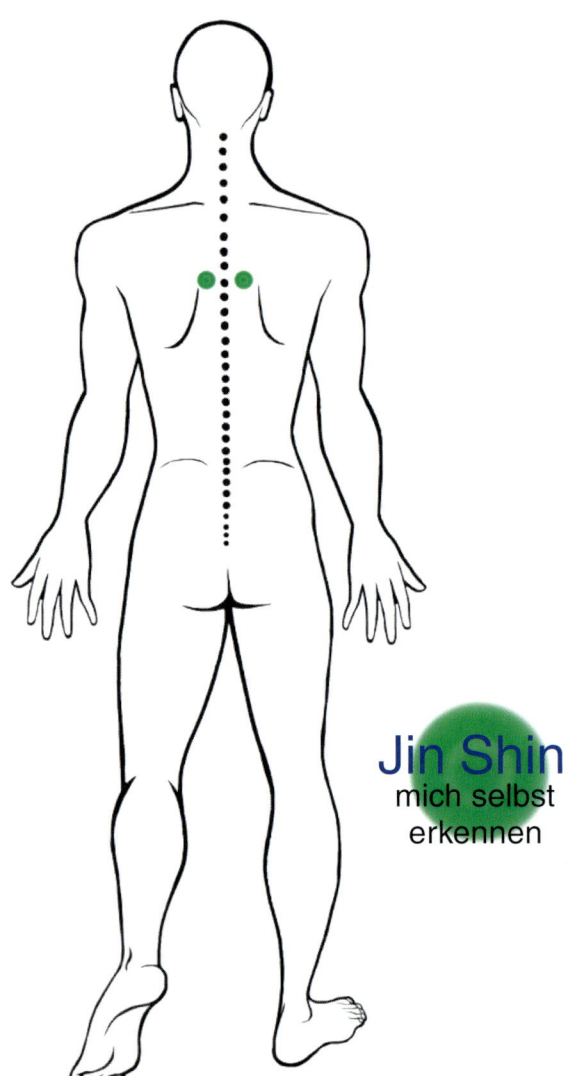

Jin Shin
mich selbst
erkennen

Jin Shin Nr. 10

Luft, grenzenlose Lebenskraft

Vollendung. Grenzenloses Verströmen von Lebenskraft. Die „1" und „0" vollständig. Neubeginn. Raum und Zeit. Ans Kreuz genagelt sein. Die Fülle des Universums. Das Mütterliche der Seele. *„Öffne den umwölkten Blick über die tausend Quellen neben dem Dürstenden in der Wüste",* steht in Goethes „Harzreise im Winter". Laut dem deutschen Jin Shin Jyutsu-Lehrer Matthias Roth bringt dieses Goethe-Wort die Bedeutung von Jin Shin Nr. 10 zum Ausdruck.

Ort: Zwischen Schulterblattmitte und Wirbelsäule
Planet/Zeichen: Jupiter
Tarot: Das Rad des Schicksals

STRÖMUNGSPUNKTE:
Rechte Hand auf linke hohe Nr. 19 und linke Hand auf rechte hohe Nr. 1.
Dann linke Hand auf rechte hohe Nr. 19 und rechte Hand auf linke hohe Nr. 1.
(Die hohe Nr. 19 befindet sich auf der Außenseite des Oberarms, die hohe Nr. 1 auf der Innenseite des Oberschenkels oberhalb des Knies.)

SCHLÜSSELBEGRIFFE:
Klarheit des Denkens, die Seele im Innern zu lieben. Die erste Flasche aus der Reihe für das „Kind des Neuen Zeitalters". Essener-Flasche. Sich mitteilende, bedingungslose Liebe eines „Sternenkindes". Wirft Licht auf die weibliche Intuition.

SYNTHESE:
Jin Shin Nr. 1 hilft, überflüssiges Gepäck zu erkennen und loszulassen. Geschieht dies voller Liebe zu einem selbst, bringt dies Stärke und Klarheit. Dann kann man in einem Zustand der bedingungslosen Liebe sein, um den Willen Gottes für sich selbst in Jin Shin Nr. 12 und Aura-Soma Nr. 12 zu empfangen. Wenn die Tore für Jin Shin Nr. 11 geöffnet sind, dann wirken sie wie der große Parthenon als „Leitung zum Himmel". Zwei Pfeiler stehen vor dem Eingang zu jedem Mysterientempel. Das vorrangige Ziel der Mysterienschulen lautete: „Erkenne dich selbst."
In der Aura-Soma-Reihe folgt Pink auf Aura-Soma Nr. 10 (Grün/Grün). Der leuchtende Ausdruck der Pink-Energie der bedingungslosen Liebe kommt durch das Herz. Beim Kontakt mir der „Reihe für Kinder des Neuen Zeitalters" auf dem pinkfarbenen Strahl der bedingungslosen Liebe wird man von dem Klar-Anteil in Aura-Soma Nr. 11 geläutert, um das „dein Wille geschehe" in Aura-Soma und Jin Shin Nr. 12 ohne Urteil zu empfangen. Es heißt,

Aura-Soma Nr. 11

Klar/Pink
Eine Kette aus Blüten.
Essener-Flasche

wenn die Eins zur Elf wird, wird das Feuer der Leidenschaft in das Licht des Mitgefühls verwandelt, und die Interessen des Individuums gehen ein in das universelle Bewusstsein.

Die Zahl 11 verstärkt die Kraft der Eins. Ziel der Evolution auf Erden ist es, die Menschen zu Mitschöpfern des göttlichen Planes zu entwickeln. Dieser Zustand wird als die Geburt des Christus im Innern bezeichnet. Wir sehen diesen Prozess in Verbindung mit Aura-Soma Nr. 11, der ersten Farbkombination in der Reihe für die „Kinder des Neuen Zeitalters", die mit der Essener-Energie verbunden ist und den erleuchteten Christus (Nr. 55 Klar/Rot) widerspiegelt.

Manche Traditionen verwenden die Karte „Gerechtigkeit" als Nr. 11, doch es gibt viele andere Traditionen, die „Gerechtigkeit" als Nr. 8 und „Kraft" als Nr. 11 legen (wie auch Aura-Soma). Das Tarotbild von Nr. 11 zeigt meist eine Frau, die (irgendwie) einen Löwen beherrscht. Diese Symbolik birgt tiefe astrologische Bedeutung. Auf der Aura-Soma-Tarotkarte Nr. 11 sehen wir das Bild einer Frau mit einem Löwen. Die Frau steht für die Jungfrau, das 5. Zeichen des Tierkreises, der Löwe steht für Löwe, das 6. Zeichen des Zodiaks. Die Addition von 5 und 6 ergibt die Summe 11.

Jin Shin Nr. 11

Gerechtigkeit
Abladen überflüssigen Gepäcks

Der Angelpunkt aller Zahlen-Punkte. Drängt und leitet die kosmische Kraft und setzt Überschuss frei. Die Kraft der Kreativität, um das dynamische Gleichgewicht des Selbst auszudrücken. Höherer Ausdruck der Weisheit. An der Vergangenheit festhalten. Das Prinzip der auf- und absteigenden Energien. Alles geht durch die Punkte Nr. 11. Wenn diese geklärt sind, befreit dies die Funktion von Atmung, Verdauung, Aufnehmen, Ausscheidung und Kreislauf. Es ist das Tierkreiszeichen Waage. Jenseits von Vergleichen und Wettbewerb. Der erste Schritt zu einem „Es ist, wie es ist". Eine Schwelle im Bewusstsein. Ein Ausgangspunkt der Intuition. Du brauchst nicht empfindlich zu sein, keiner blickt dir über die Schulter, und deine Schulter braucht keine Verspannung. Verlasse dich auf deine Intuition.

Ort: Oberer Rücken, etwas unterhalb der Stelle, wo der Hals auf die Schultern trifft, gleich neben der Wirbelsäule.
Planet/Zeichen: Waage
Tarot: Kraft (Aura-Soma); Gerechtigkeit (Jin Shin)

STRÖMUNGS-PUNKTE:
Rechte Hand auf rechte Nr. 11 und linke Hand auf linke Nr. 11. Dann rechte Hand auf linke Nr. 11 und linke Hand auf linke Nr. 15. Dann linke Hand auf rechte Nr. 11 und rechte Hand auf rechte Nr. 15.

Jin Shin
mich selbst erkennen

Aura-Soma Nr. 12

Klar/Blau
Friede in der neuen Zeit

SCHLÜSSELBEGRIFFE:
Strahlt Licht auf inneres Wachstum, Kreativität und Fruchtbarkeit. Erleuchtung im bewussten Denken, damit die friedvolle Kommunikation hervorkommen kann. Sehr klarer Kanal. Führung von der göttlichen Intelligenz. Jeder trägt den Geist Gottes in sich und bringt seine göttliche Intelligenz in der Verkörperung zum Ausdruck.

SYNTHESE:
Betrachten wir die Lage des Jin Shin-Punktes Nr. 12 an der Rückseite des Halses, um die Verbindung mit der Aura-Soma-Farbkombination Nr. 12 (Klar/Blau) zu sehen. Blau ist die Farbe der Kommunikation und des Kehl-Chakras. Klar ist das Licht und es strahlt durch das Blau. Die Botschaft des Punktes Nr. 12 – „nicht mein Wille, sondern dein Wille" – verbindet sich mit der Botschaft von Aura-Soma Nr. 50, Meister El Morya (Hellblau/Hellblau). Nr. 50 El Morya ist die erste Farbkombination in der Reihe der Aura-Soma-Meisteressenzen, auch ihre Botschaft lautet: „Dein Wille, nicht mein Wille." Sich für das universelle Denken zu öffnen, ist ein gemeinsamer Schlüsselbegriff für die Nr. 12 in beiden Systemen. Blau ist die Farbe des Übergangs. Blau ist die erste Farbe. Laut Vicky Wall und Mike Booth ist es das Blau, das jeden Menschen in diese Welt zieht. Blau ist die Farbe, die wir bei unserem Übergang vom Traum in die Menschenwelt sehen, der uns dazu bringt, uns an den göttlichen Plan zu erinnern.

Jin Shin Nr. 12

Nicht mein Wille,
sondern dein Wille

Unterwerfung des persönlichen Bewusstseins unter die Weisung des universellen Denkens. Äußerste Abhängigkeit. Öffne dich dem kosmischen Licht. Eine energetisch machtvolle Einheit wie z.B. bei den 12 Jüngern, 12 Monaten, 12 Tierkreiszeichen. Bedeutung der Trinität. „Sei du selbst!" Bringt den Traum des Lebens herein. Leben frei von Angst und Schmerz.

Ort: Seitlich der Wirbelsäule, Nacken, Mitte zwischen Schädel und Schulter
Planet/Zeichen: Fische, Neptun
Tarot: Der Gehängte

STRÖMUNGSPUNKTE:
Rechte Hand auf rechte Nr. 12 und linke Hand auf linke Nr. 12.
Rechte Hand auf rechte Nr. 12 und linke Hand auf linke Nr. 21.
Dann linke Hand auf linke Nr. 12 und rechte Hand auf rechte Nr. 21.

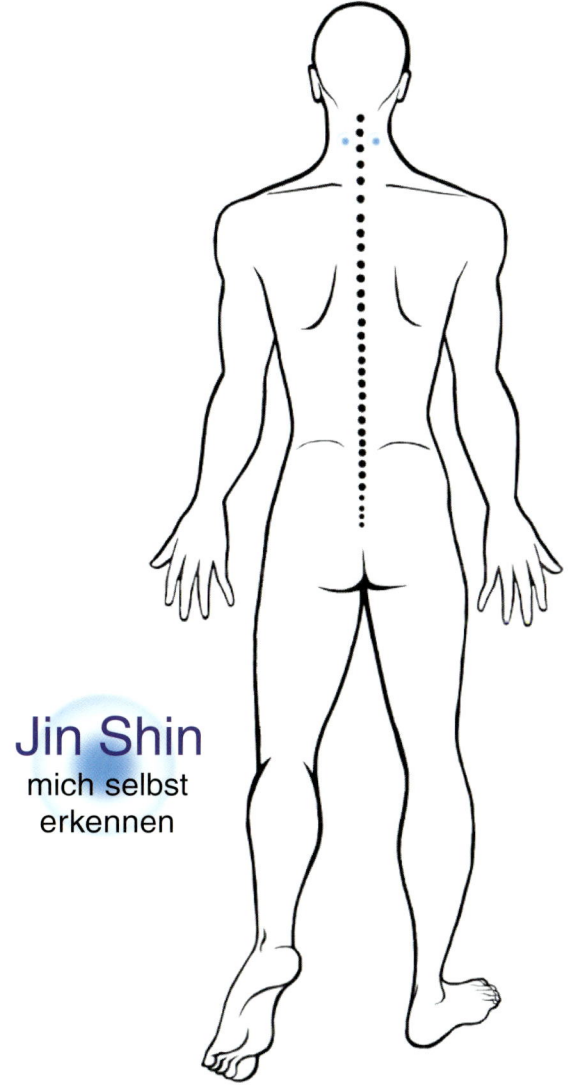

Jin Shin
mich selbst
erkennen

Aura-Soma Nr. 13

Klar/Grün
Veränderung in der neuen Zeit

SCHLÜSSELBEGRIFFE:

Erleuchtung des Herzens. Öffnung des Herzens durch das Licht. Komme in Kontakt mit deinem eigenen Raum. Ausgeglichene Umgebung. Finde einen weiteren Raum in deinem Herzen. Dient der Welt über das Herz.

SYNTHESE:

Die Gemeinsamkeit zwischen Aura-Soma Nr. 13 und den Jin Shin-Punkten Nr. 13 ist die Lage. Beide beziehen sich auf den Herz- bzw. Brustkorb-Bereich. Beide Systeme stimmen darin überein, dass das Herz-Zentrum der Ort unserer Verbindung mit Gott ist. Die Nr. 13 ist die Zahl des Schöpfers. Im Farbspektrum ist sie der Ort des Gleichgewichts und der Ausgeglichenheit und ruht zwischen den warmen und den kühlen Farben. Im Jin Shin-System liegt die Nr. 13 in der Mitte der Auflistung nummerierter Punkte. Hier ist die Nr. 13 das Geistzentrum unseres Wesens und gibt uns die Fähigkeit zu heilen, fruchtbar zu sein und zu regenerieren. Ich vermute, dass der Jin Shin Jyutsu-Satz „Es ist − unendliche Wahrheit und unendliches Selbst" an diese Stelle gehört. Unsere Verbindung mit Gott ist die Wahrheit, und Wahrheit ist ein Schlüsselbegriff für Grün. Mit jedem Schlag erinnert uns der Puls unseres Herzens daran, dass wir sterben und wieder geboren werden, mit jedem Atemzug. Das ist die Wahrheit. Die vier Kammern unseres Herzens erinnern uns an die liegende Acht. Die liegende Acht ist das uralte Zeichen der Unendlichkeit und damit eine weitere Erinnerung an die unendliche Wahrheit.

Durch die Arme und Hände, ausgehend von unserem Herz-Zentrum, dehnen wir uns in die Welt aus. Das 4. oder Herz-Chakra ist der einzige Ort des physischen Körpers, der sowohl auf der vertikalen als auch auf der horizontalen Ebene existiert. Deshalb bringt uns die Nr. 13 in die Welt hinaus. Geht, umarmt euch selbst. Wenn wir uns selbst umarmen, legen wir die Hände auf die Nr. 26 der anderen Körperseite (unterhalb und hinter den Achseln, am äußeren Rand der Schulterblätter). Damit akzeptieren wir, dass sich das Leben verändert (Aura-Soma Nr. 26, Orange/Orange). Indem wir unsere Arme kreuzen, während wir beide Jin Shin-Punkte Nr. 26 halten – „Was war, ist und sein wird" –, umarmen wir den Schöpfer und akzeptieren dabei unsere zweifache Natur (13 x 2 = 26).

Mike Booth spricht oft vom „Smaragd des Herzens", wenn er die feinstoffliche Anatomie des menschlichen Körpers erklärt. Der Smaragd ist der Punkt der Selbsterkenntnis, in dem das Blau und das Gelb im Grün zusammenkommen. Das Licht strahlt durch Aura-Soma Nr. 13 (Klar/Grün) und wird „der Weg, die Wahrheit und das Leben". Dann machen wir den Schritt, nicht mehr unser Karma abzutragen, sondern von nun an unser Dharma zu leben. „Es zählt nicht, was wir tun, sondern wie wir es tun."

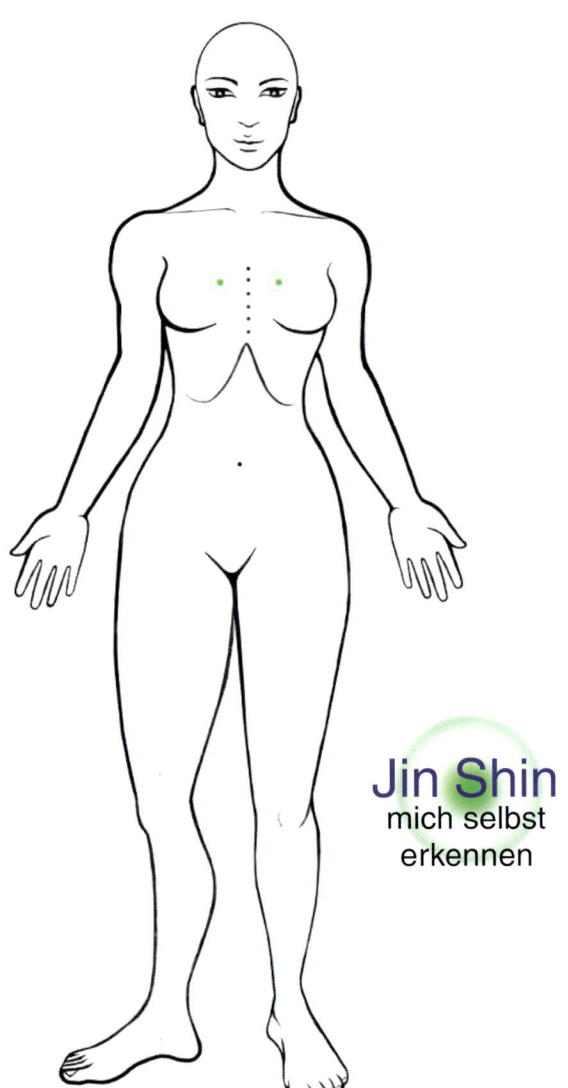

Jin Shin
mich selbst
erkennen

Jin Shin Nr. 13

Fruchtbarkeit
Liebe deine Feinde

Fortpflanzung. Die schöpferische Kraft, die durch
das Herz kommt.
Lebensodem.
Beginn des Lebens. Quell der Jugend.
Geist. Die Zahl des Schöpfers. Der Schöpfer ist die
Quelle des Lebens.

Ort: Brustmitte, zwischen 4. und 5. Rippe, neben
dem Brustbein
Planet/Zeichen: Skorpion
Tarot: Der Tod

STRÖMUNGSPUNKTE:
Linke Hand auf rechte Nr. 13 und rechte Hand auf
linke Nr. 13.
Rechte Hand auf linken Oberarm und linke Hand
auf rechten Oberarm.

SCHLÜSSELBEGRIFFE:

Klarheit des Denkens. Weisheit der neuen Zeit. Erkenne dich selbst. Freude und Seligkeit. Die göttliche Verpflichtung des Menschen. Die Welt von Harmonie und Gleichgewicht. Die Möglichkeit, unterbewusste und bewusste Neigungen zu verschmelzen, auf die Natur anzusprechen und zum Herrscher über seine Zeit zu werden. Struktur.

SYNTHESE:

Jin Shin Nr. 14 liegt nahe beim Solarplexus in der goldenen Chakra-Zone des Körpers. Es ist Weisheit, das Selbst zu erkennen *und* zu verstehen, dass dieses Selbst unser Punkt des Gleichgewichts und der Ausdauer ist.

Ich besuchte kürzlich einen Jin Shin Jyutsu-Selbsthilfekurs. Jeder Teilnehmer demonstrierte eine der 26 Nummern vor der Gruppe. Die Schülerin, die Nr. 14 zeigte, stand auf einem Schwebebalken. Als sie über die Nr. 14 sprach und dabei auf dem Schwebebalken ihre Balance hielt, verstand ich die Qualität der Nr. 14/5 (1+4=5). Sie hatte die Armen zum Himmel empor und die Beine zur Erde hinunter gestreckt; der Solarplexus befand sich in der Mitte ihrer menschlichen Gestalt und war die Zentralsonne ihres Wesens.

Aura-Soma Nr. 14

Klar/Gold
Weisheit in der neuen Zeit

Hier erinnerte ich mich an die Botschaft von Aura-Soma Nr. 51, Meister Kuthumi (Hellgelb/Hellgelb): Es ist eine der Aufgaben des Menschen, das Engel-Reich mit dem Deva-Reich zu verbinden. Diese Mission muss über das Sonnengestirn dieses Planeten, die Sonne, und „unsere eigene Sonne", das Sonnengeflecht (Solarplexus) erfüllt werden. Wer wir sind, muss jeder von uns mit einer eigenen, individuellen Bestimmung zum Ausdruck bringen.

Jin Shin Nr. 14

Gleichgewicht
Ausdauer

Balance. Regiert Hüften und Oberschenkel.
Energie für den Solarplexus. Denken. Sei genährt,
fühle dich genährt.
Arbeitet, wenn Himmel und Erde im Gleichgewicht
sind.
Hier tritt der Lebensfunke ein.
Loslassen von Vorstellungen darüber, was man
verdauen kann und was nicht.
Lebensweisen.

Ort: Brustkorb vorn, jeweils unter
der tiefsten Rippe
Planet/Zeichen: Schütze
Tarot: Die Mäßigkeit

STRÖMUNGSPUNKTE:
Rechte Hand auf linke Nr. 14 und linke Hand auf
rechte Nr. 14.
Rechte Hand auf rechte Nr. 14 und linke Hand auf
rechte Nr. 22.
Dann linke Hand auf linke Nr. 14 und rechte Hand
auf linke Nr. 22.

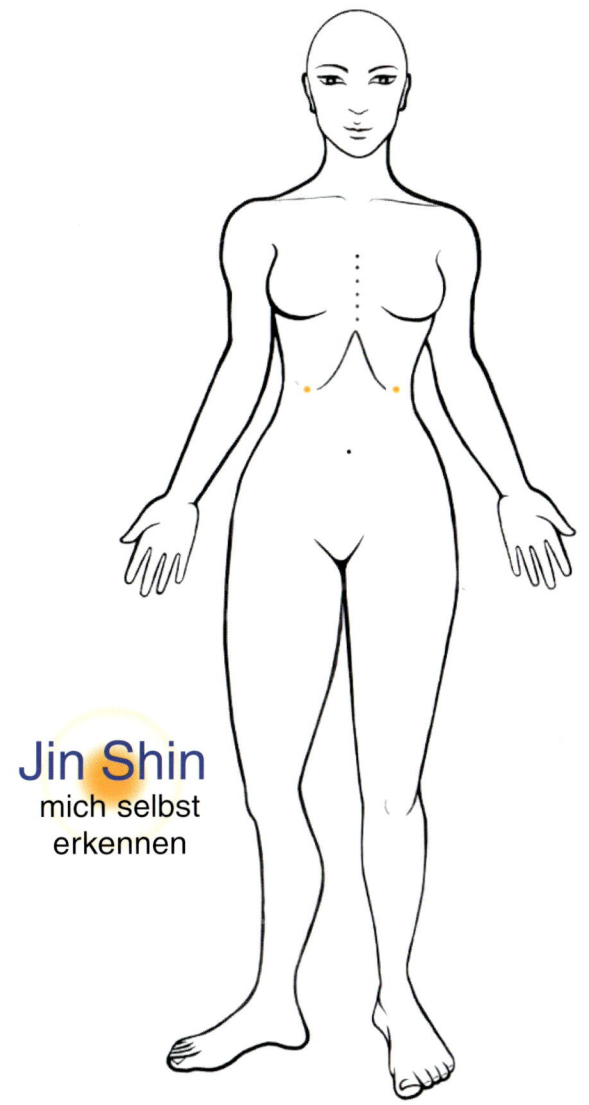

Jin Shin
mich selbst
erkennen

Aura-Soma Nr. 15

Klar/Violett
Heilung im Neuen Zeitalter

SCHLÜSSELBEGRIFFE:
Die Seele erheben, geläutert und heil werden. Zur Wahrheit in unserem Herzen kommen. Unser Potential auf der Erde leben. Unsere Kraft zum Dienen gebrauchen. Nun wissen wir, dass wir auf unserem Weg des Dienens auf allen Ebenen der Welt wirken können.

SYNTHESE:
Die Nr. 15 ist ein weiterer Aspekt der Nr. 6, welche für den sechszackigen Stern steht. Der sechszackige Stern besteht aus zwei Dreiecken, die einander überlagern. Die beiden Dreiheiten repräsentieren die Vereinigung von Himmel und Erde sowie des Maskulinen und des Femininen. Die Jin Shin-Punkte Nr. 15 liegen in der Leistenbeuge beiderseits des Schambeins. In dieser Region kommen das Männliche und das Weibliche bei der körperlichen Vereinigung zusammen und schaffen die Möglichkeit einer neuen Schöpfung. Der Jin Shin-Punkt Nr. 15 ist ein Platz, wo die Seele ein größeres Bewusstsein Gottes erfahren kann. Sind die Jin Shin-Punkte offen, dann können die Energien von Nr. 13 (der Zahl des Schöpfers) am physischen Leben teilhaben. Die Energie des Geistes von Nr. 13 hilft dann, die Dualität zu überwinden.
Mit Blick auf Aura-Soma Nr. 15 (Klar/Violett) sehen wir, dass die Kombination von Rot und Blau zum Violett verschmilzt – ein Symbol der Vereinigung

des Männlichen (Blau) mit dem Weiblichen (Rot) zum Zwecke der Ganzheit. Licht (Klar) strahlt auf das Violett, erhellt diesen Prozess und offenbart, dass die Menschen nicht durch materielle Umständen allein gefesselt sind, sondern die innere Freiheit besitzen, die auf der verborgenen Seite der Existenz zu finden ist. Das Violett ist somit eine Geschichte der Einheit, die aus der Zweiheit geboren wird.

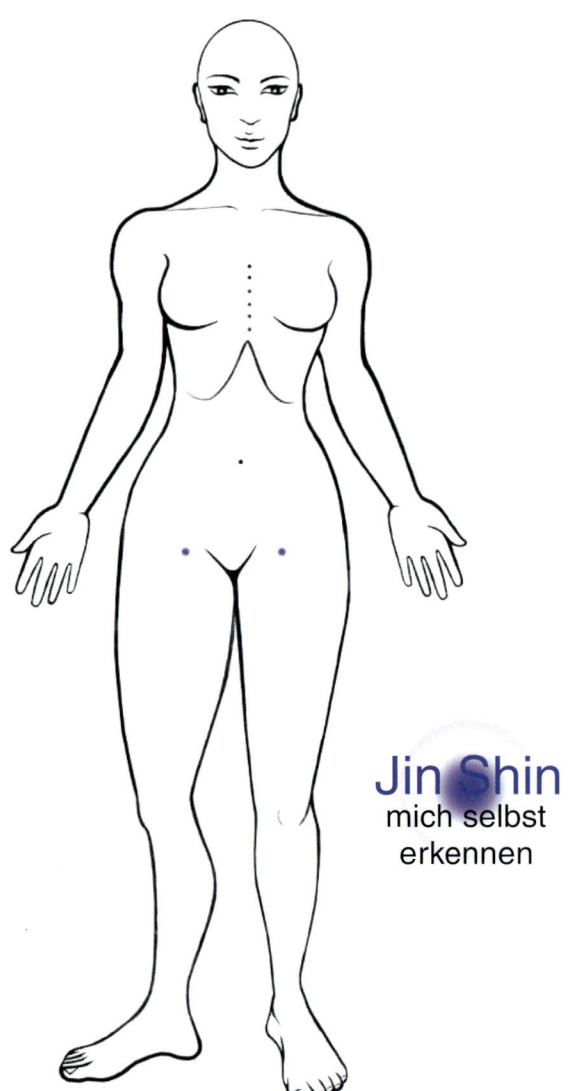

Jin Shin
mich selbst
erkennen

Jin Shin Nr. 15

Reinige unsere Herzen
mit Lachen

Beschleunigt die Heilung. Löst gedankliche Komplexe und Probleme. Körper. Handlungskraft. Erneuernde Intelligenz. Macht die Wirbelsäule frei. Alle Herzbeschwerden, Bluterkrankungen und Kreislaufprobleme.

Ort: In der Leistenbeuge, seitlich des Schambeins
Planet/Zeichen: Steinbock
Tarot: Der Teufel

STRÖMUNGSPUNKTE:
Rechte Hand auf rechter Nr. 15 und linke Hand auf linker Nr. 15.

Rechte Hand auf rechter Nr. 15 und linke Hand auf rechter Nr. 6.
Dann linke Hand auf linker Nr. 15 und rechte Hand auf linker Nr. 6.

Oder linke Hand auf linker Nr. 15 und rechte Hand auf linker Nr. 2,
dann rechte Hand auf rechter Nr. 15 und linke Hand auf rechter Nr. 2.

Aura-Soma Nr. 16

Violett/Violett
Das violette Gewand

SCHLÜSSELBEGRIFFE:
Erwache für dein wahres Selbst und den Dienst. Wenn du im Unterbewussten bereits dienen möchtest, musst du dies durch das Bewusstsein ausdrücken, dann manifestiert sich dein Dienen in der Welt. Universelles Mutter- und Vater-Prinzip kommen in Harmonie zusammen. Diene auf erzieherische, bildende Weise. Gib bewusst alles ab.

SYNTHESE:
Interessanterweise lässt sich feststellen, dass die Farbkombination Nr. 16 (Violett/Violett) der Außenseite der Knöchel (Jin Shin-Punkt Nr. 16) entspricht. Was bedeutet dies und wo ist der Zusammenhang? In dem weithin verbreiteten Chakra-System entspricht Violett im Allgemeinen dem Bereich des Scheitel-Chakras. Doch hier birgt die Beziehung zwischen Aura-Soma Nr. 16 (Violett/Violett) und Jin Shin Nr. 16 eine Botschaft. Der Zusammenhang besteht zwischen dem Aura-Soma-Thema „Erwache zu deinem wahren Selbst und dem Dienen" und dem Jin Shin-Schlüssel „Basis und Fundament aller menschlichen Aktivität". Dies bringt zum Ausdruck, dass wir Menschen letztlich zum Dienen hier sind, eine der violetten Energie zugrunde liegende Qualität.

Das Violett wirkt verwandelnd. Es besteht aus dem Blau der göttlichen Blaupause und dem Rot der Materie. Beide Elemente kommen im Violett zusammen und spiegeln wider, dass wir Geist in der Materie sind. Diesen Prozess zu entdecken, sind wir ins Dasein getreten. Beim Entdecken und Erkennen dieser Wahrheit kommt es immer zu einem Niederreißen und Umstürzen alter Formen zugunsten neuer. Das ist Transformation. Verwandlung ist die violette Energie.

Die Außenseite des Knöchels ist im Jin Shin-System und in der Reflexzonenkunde der Energiepunkt des Fortpflanzungssystems im weiblichen bzw. männlichen Organismus. Hier spricht die violette Energie erneut Fortpflanzungsfunktionen an, da Violett gleiche Anteile von Rot und Blau enthält, die das Weibliche und das Männliche repräsentieren. Wir können also sagen, dass das Dienen und Heilen bei Jin Shin Nr. 16 und Aura-Soma Nr. 16 (Violett/Violett) im Auflösen des Konflikts zwischen Männlichem und Weiblichem besteht. Das Akzeptieren unserer Dualität ist die Basis aller menschlichen Aktivität. Betrachten wir die Zahl 16, sehen wir, dass die Eins – das Individuum – zusammenkommt mit der Sechs – welche für die Dreiheit des Himmels (Vater/Männliches) und die Dreiheit der Erde (Mutter/Weibliches) steht, die sich im sechszackigen Davidstern vereinen. Im Zentrum des Sterns sind Tor und Weg zu einem neuen Bewusstsein, dem Bewusstsein unserer Einheit mit dem Göttlichen. Durch die Vereinigung und Verschmelzung unserer Dualität treten wir hier auf Erden ins Himmelreich ein.

Jin Shin Nr. 16

Basis und Fundament
aller menschlichen Aktivität
Umwandlung

Verständnis kommt. Niederreißen bestehender
Formen zugunsten neuer.
Hilft der Stimme, den Eierstöcken und den Hoden.
Hilft, Angst loszulassen.

Ort: Außenseite des Fußes, unter dem Knöchel
Planet/Zeichen: Mars
Tarot: Der Turm

STRÖMUNGSPUNKTE:
Rechte Hand auf rechte Nr. 16 und linke Hand auf
linke Nr. 16.
Rechte Hand auf rechte kleine Zehe und linke Hand
auf rechte Nr. 16.
Dann linke Hand auf linke kleine Zehe und rechte
Hand auf linke Nr. 16.

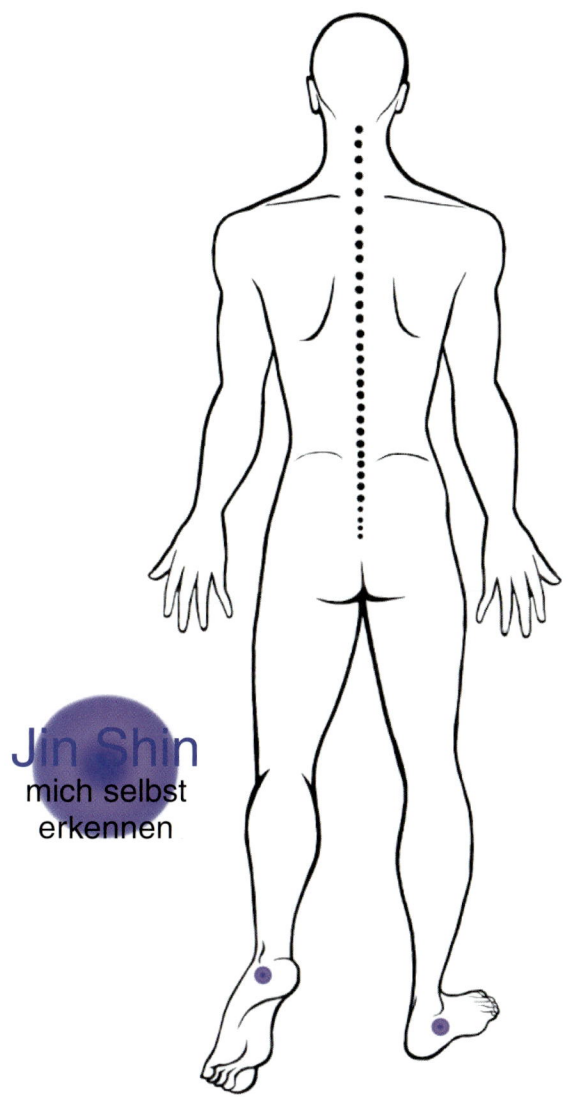

Jin Shin
mich selbst
erkennen

Aura-Soma Nr. 17

Grün/Violett
1. Troubadour-Flasche / Hoffnung

SCHLÜSSELBEGRIFFE:
Kommunikation aus dem Herzen. Fähig sein, im Dienen in viele Richtungen zu gehen. Der Troubadour. Mitteilung spiritueller Wahrheit.

SYNTHESE:
In der kleinen Einkerbung an der Außenseite des Handgelenks liegt der Jin Shin-Punkt Nr. 17. Das Handgelenk besitzt eine große Beweglichkeit und ermöglicht viel Bewegungsfreiheit.
Die Hände sind der Teil unseres Körpers, mit dem unser Dienen stattfindet. Unsere Hände sind unmittelbar beteiligt, wenn wir im Dienen aus unserem Herzen, aus uns herausgehen. In der Arbeitswelt von heute sieht man viele Menschen mit einem Leiden, das man Karpaltunnelsyndrom nennt. Diese Erkrankung verursacht Schmerzen in den Handgelenken und schränkt ihre Beweglichkeit stark ein. Hinter den Kulissen dieses Leidens ist zu erkennen, dass die Gelegenheiten zu sinnvoller, von Herzen kommender Betätigung in der Welt von heute weniger geworden sind.

Blau/Blau liegt versteckt in Aura-Soma Nr. 17, das unseren inneren Lebensplan zum Ausdruck bringt. Ebenfalls versteckt ist Gelb/Rot, die Weisheit zum sorgsamen Umgang mit der Energie, die man hat. Gemeinsam sagen Aura-Soma Nr. 17 – Mitteilung des Dienstes aus dem Herzen – und Jin Shin Nr. 17 – Geist in Aktion –, dass Heilung daraus er- wächst, dass die Arbeit als der rechte Lebensun- terhalt zum Ausdruck kommt. Die Flexibilität der Handgelenke ermöglicht die Bewegung der Hän- de. Durch unsere Hände soll die Manifestation un- serer Herz-Energie zum Dienst an der Welt flie- ßen.

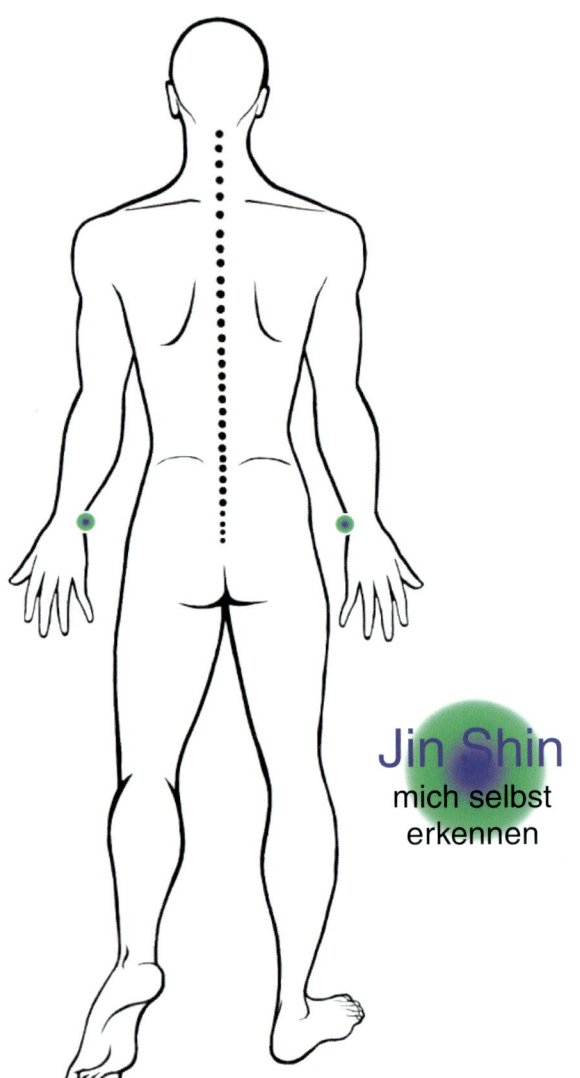

Jin Shin
mich selbst
erkennen

Jin Shin Nr. 17

Fortpflanzungsenergie
Entspannung von Denken und Nerven

Umwandelnd. Gut für Übergänge.
Geist in Aktion. Natürliche intuitive Intelligenz.
Regiert die Knöchel. Die Riechsalze des Körpers.

Ort: In der kleinen Einkerbung an der Außenseite
der Handgelenke
Planet/Zeichen: Wassermann
Tarot: Der Stern

STRÖMUNGSPUNKTE:
Rechte Hand auf linke Nr. 17, dann linke Hand auf
rechte Nr. 17.
Rechte Hand auf linke Nr. 17 und linke Hand auf
rechte Nr. 18.
Dann rechte Hand auf rechte Nr. 17 und linke Hand
auf rechte Nr. 18.

Aura-Soma Nr. 18

Gelb/Violett
1. Ägypter-Flasche
Wendepunkt

SCHLÜSSELBEGRIFFE:
Spiritueller Lehrer. Die Weisheit besitzen, die Ganzheit im Innern zu finden. Wenn wir uns unseren Ängsten stellen, haben wir die Chance, sie zu überwinden. Wissen über sich selbst gewinnt nur, wer ins Dienen kommt. Eintreten in die richtige Beziehung. Entfaltung des Ichs. Selbsterkenntnis, Vertrauen in Zusammenarbeit. Neues Verständnis. Flasche des Heiligen Landes. Angst vor Leiden und Leiden aus Angst.

SYNTHESE:
Der Jin Shin-Punkt Nr. 18 liegt auf der Handinnenfläche an der Daumenwurzel. Aura-Soma Nr. 18 handelt vom „Eintreten in die richtige Beziehung". Wenn man einem anderen Menschen die Hand schüttelt, akzeptiert man eine Übereinkunft, das heißt, in die richtige Beziehung einzutreten.

Der Daumen gibt dem Menschen eine Behändigkeit, mit der er einer Vielfalt von Aufgaben gerecht werden kann. Sein Ichbewusstsein stellt den Menschen hierarchisch über alle anderen Arten. Gelb/Violett und die Nr. 18 spiegeln den menschlichen Willen und die menschliche Persönlichkeit oder das Ich unmittelbar wider.

Diese Farbkombination schwingt in Resonanz mit altägyptischen Zeiten, weil die Ägypter mit ihrem Wissen (Gelb) von der Spiritualität (Violett) sehr weit fortgeschritten waren. Es ist sehr bedauerlich, dass sie dieses Wissen und ihre Macht gebrauchten, um ihre eigenen, persönlichen Ziele zu verfolgen – und damit ihre Zivilisation zerstörten.

Die richtige Beziehung zwischen Gelb und Violett ist hier also Selbstgewahrsein. Dieses Gewahrsein ist für das spirituelle Dienen und die Erleuchtung der ganzen Welt zu nutzen. Auf diese Weise bringt Jin Shin Nr. 18 das Denken zum Handeln.

Es ist interessant, dass Jin Shin Nr. 18 das Denken beruhigt. Dies ist eine direkte Entsprechung zu den Farben von Aura-Soma Nr. 18 (Gelb/Violett). Gelb ist die anregendste Farbe und wird mit der gelben Zone im Bereich des Solarplexus-Chakras assoziiert. Violett korrespondiert im Chakra-System direkt mit dem Kopf und ist die beruhigendste Farbe. Hier mag das Violett helfen, zu viel gedankliche Aktivität zu beruhigen, die ihren Ursprung in der gelben Zone hatte. Im Übrigen sind Gelb und Violett Komplementärfarben.

Jin Shin Nr. 18

Körperbewusstsein
Funktionen, die die menschliche Persönlichkeit beeinflussen

Unser eigener, ganz persönlicher Rhythmus und unser inneres Gleichgewicht. Körperbewusstsein. Funktionen, die die menschliche Persönlichkeit beeinflussen. Regent des Hinterkopfs.
Misst jeder Funktion Energie zu.
In Handeln umgesetztes Denken. Intelligenz. Beruhigt das Denken und hilft bei Schlaflosigkeit.

Ort: Handinnenfläche, Daumenwurzel
Planet/Zeichen: Jupiter und Neptun
Tarot: Der Mond

STRÖMUNGSPUNKTE:
Rechte Hand auf linke Nr. 18, dann linke Hand auf rechte Nr. 18.
Rechte Hand auf linke Nr. 18 und linke Hand auf linke Nr. 16.
Dann linke Hand auf rechte Nr. 18 und rechte Hand auf rechte Nr. 16.

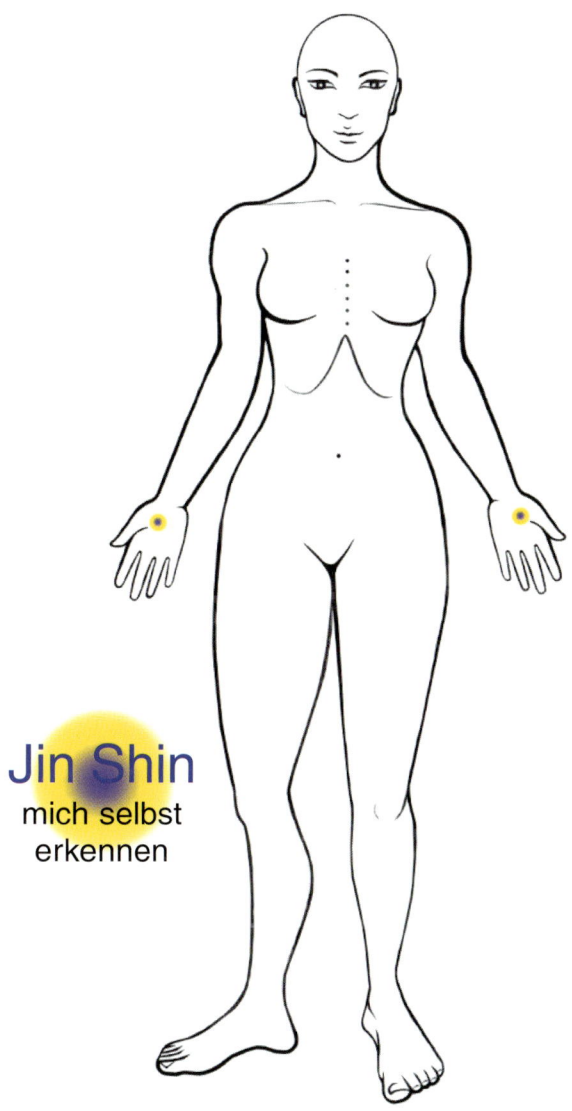

Jin Shin
mich selbst
erkennen

Aura-Soma Nr. 19

Rot/Rotviolett
In der materiellen Welt leben

SCHLÜSSELBEGRIFFE:

Wir erneuern unseren Körper, wenn wir unsere Geisteshaltung erneuern. Energie zum Dienen. Aufgrund der Farbe Rotviolett eine überaus spirituelle Angelegenheit. Erkenne die Richtung deines Weges. Warte ab. Der friedvolle Krieger. Die Energie, für das spirituelle Dienen einzutreten. Halte die Augen geöffnet. Spirituelle Wiedergeburt als Sternenkind.

SYNTHESE:

Jin Shin assoziiert mit der Nr. 19 den „Himmelsfürsten". In Aura-Soma Nr. 19 ist Rot/Rot versteckt. In diesem System steht das Rot für die Christus-Energie und die Energie der Liebe. Der Christus wird oft als Himmelsfürst bezeichnet. Seine Botschaft lautet: Diene der Welt durch Liebe. Rot/Purpur handelt von Dienen und Liebe. Die Nr. 19 ist eine Zehn (1+9=10). Zehn soll das reine weiße Licht des Einen sein. Die Tarotkarte Nr. 10 ist „Die Sonne". Die Vollkommenheit unserer eigenen Sonne ist Symbol für unseren inneren göttlichen Lebensplan, sodass wir unsere Aufgabe erfüllen können. Durch Hinzufügen von Blau wird Rot/Rot zu Rot/Purpur. Wir können entweder mit denen, die wir sind, in der Welt dienen – oder uns vor unserem eigenen Licht fürchten.

Im Purpur ist Blau versteckt. Blau ist Frieden. Rot ist die Erde. Wenn wir uns der Welt öffnen und auf sie zugehen, so geschieht dies in Frieden. In unseren Armen ruhen große Kraft und Gewandtheit, die unsere Aufgabe hier auf Erden erleichtern. Was unser Werk möglich macht, ist die Bewegung mit den Ellbogen, an denen die Jin Shin-Punkte Nr. 19 liegen.

Was geschieht, wenn die Nr. 4, die Zahl der Schöpfung, zu Nr. 13, zu Nr. 14 und zu Nr. 15 addiert wird? Aus Nr. 13 wird Nr. 17 (Geist in Aktion), aus Nr. 14 wird Nr. 18 (Denken in Aktion) und aus Nr. 15 wird Nr. 19 (Körper in Aktion). Die Schöpfungs- und Manifestationsenergie der Nr. 4 kommt in die Welt als Geist, Denken und Körper in Aktion. So wird also die Aktion als Energieübertragung durch unsere Arme und Hände, wie sie sich in Nr. 17, Nr. 18 und Nr. 19 zeigt, von den Qualitäten des Violetts (des Dienens) unterstützt.

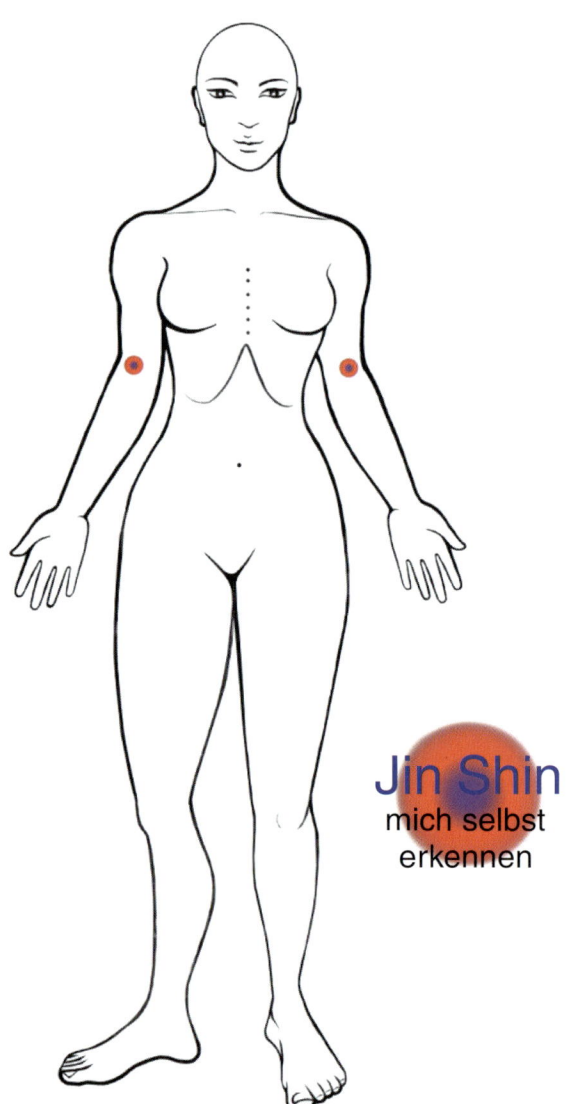

Jin Shin
mich selbst
erkennen

Jin Shin Nr. 19

Kraftvolle Selbstbeherrschung
Vollkommenes Gleichgewicht

Freisein von physischen Umständen. Furcht vor unserem eigenen Licht. Verständnis. Himmelsfürst. Körper in Aktion. Selbstbewusstsein. Sei dein eigenes Zeugnis.

Ort: In der Armbeuge, Daumenseite
Planet/Zeichen: Sonne
Tarot: Die Sonne

STRÖMUNGSPUNKTE:
Rechte Hand auf linke Nr. 19 und linke Hand auf rechte Nr. 19.
Rechte Hand auf linke Nr. 1 und linke Hand auf rechte Nr. 19.
Dann linke Hand auf rechte Nr. 1 und rechte Hand auf linke Nr. 19.

Aura-Soma Nr. 20

Blau/Pink
Sternenkind / Kinder-Notfallöl

SCHLÜSSELBEGRIFFE:
Intuitive Liebe. Mitteilung von bedingungsloser Liebe. Bezieht sich auf das Scheitel-Chakra. Kann dazu beitragen, Frieden ins bewusste Denken und die bedingungslose Liebe ins Unbewusste zu bringen und die Möglichkeit zur Transformation des inneren Kindes zu schaffen. Übertragung von nährenden Energien. Yin und Yang. Verschüttelt sich zu St. Germain (Hellviolett/Hellviolett).

SYNTHESE:
Beim Blick auf die Farben Blau/Pink lässt sich eine direkte Beziehung zwischen der Botschaft von Jin Shin Nr. 20 und der Aura-Soma Sternenkind-Flasche Nr. 20 erkennen. Das Violett, zu dem sich Aura-Soma Nr. 20 verschüttelt, bezieht sich direkt auf die Lage von Jin Shin Nr. 20. Beide handeln vom Ausgleichen von Himmel und Erde. Wenn Himmel und Erde in unserem Innern im Gleichgewicht sind, dann verfügen wir über ununterbrochenes Bewusstsein. Unsere Urteile sind ungetrübt, weil sie nicht mehr dem Bereich der Dualität entspringen. Wir können unser Verständnis verwandeln und Zugriff auf die Essenz unseres Wesens haben, das jenseits der Dualität existiert. Das Sternenkind ist das Kind des Lichtes! Das ist immer während Ewigkeit und die Wohnstatt der Seele. Blau ist Frieden und Pink ist bedingungslose Liebe; dies sind die Wurzeln des Himmels.

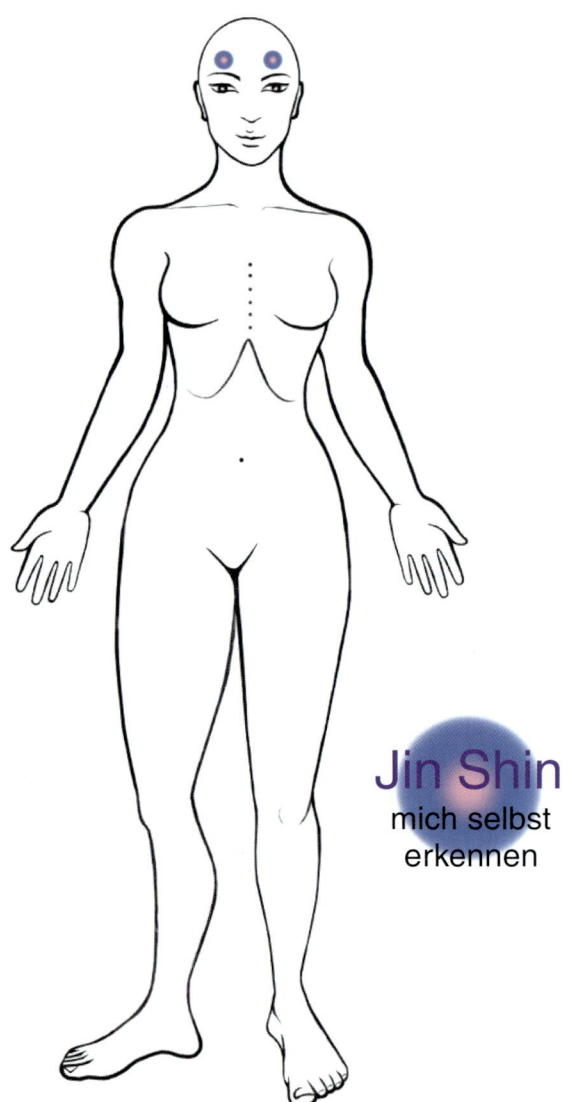

Jin Shin
mich selbst
erkennen

Jin Shin Nr. 20

Ewigkeit

Wurzeln des Himmels. Ewigkeit und Unsterblich-
keit.

Wohnstatt der Seele. Vollständige Weisheit. Hilft,
sich an sein wahres Wesen zu erinnern. Verhindert
Senilität.

Ununterbrochenes Bewusstsein. Gehirn-Spezialist.
Erblicke dich selbst und deinen Platz im Universum. Ausgleichen von Himmel und Erde.

Ort: Stirn, oberhalb der Augenbrauenmitte
Planet/Zeichen: Pluto, Vulkan
Tarot: Das Gericht

STRÖMUNGSPUNKTE:
Rechte Hand auf rechte Nr. 20 und linke Hand auf
linke Nr. 20.
Dann rechte Hand auf rechte Nr. 12 und linke Hand
auf linke Nr. 20.
Dann linke Hand auf linke Nr. 12 und rechte Hand
auf rechte Nr. 20.

Aura-Soma Nr. 21

Grün/Pink
Neubeginn für Liebe

SCHLÜSSELBEGRIFFE:

Abhängigkeit von der organischen Natur (der grünen Decke) der Erde. Wir müssen atmen können. Den Atem finden durch die Liebe zu uns selbst. Der Grund, der Liebe ist. Die Luft, die wir atmen, kommt aus dem Grün als Geschenk der Vegetation an uns. Ein Neubeginn für das Herz durch die Einsicht, dass das LEBEN unsere Bedürfnisse erfüllt. Die Manifestation des Ichs entsteht infolge der Angst vor einem Mangel an Liebe. Die bedingungslose Liebe im Unterbewussten ist ein Mittel für das Fühlen des Herzens, das es dem Menschen erlaubt, ohne Angst in seinen eigenen Raum hinauszutreten. Verbreite die Wahrheit der bedingungslosen Liebe unter den Kindern Gottes.

SYNTHESE:

Im Jin Shin steht bei Nr. 21 „tiefe Sicherheit", und Aura-Soma sagt, die Nr. 21 trage die Botschaften „das LEBEN erfüllt unsere Bedürfnisse" und „Liebe ist der Urgrund für das Leben". Dies sind gewiss die Bedeutungen der Farben Pink/Grün. Die Energie des Pink (bedingungslose Liebe) mag Ausdruck finden durch das Herz, das in der grünen Chakra-Zone des Körpers wohnt. Grün ist die Farbe der Natur. Rot ist die Farbe von Mutter Erde. (Pink ist Rot, durch das Licht scheint.) In Wahrheit ist die Natur unsere Ernährerin; durch sie äußert sich die Liebe der Erde. Dies zu erkennen heißt, tiefe Sicherheit und bedingungslose Liebe zu erfahren.

Die Kehrseite der Freiheit sei Verantwortung, sagt man. In einem Feld bedingungsloser Liebe zu sein und den Freiraum zu haben, urteilslos zu erschaffen, bringt eine Verantwortung mit sich. Verantwortung ist die Fähigkeit, auf Gegebenes anzusprechen. Die Zwei (weiblich) und die Eins (männlich) kommen zusammen und werden zur Drei (die etwas Größeres ist als beide). Die Nr. 21 ist im Jin Shin und bei Aura-Soma der Punkt der Vereinigung – das Verschmelzen der Dualität. Pink und Grün bringen zum Ausdruck, dass der Neubeginn vom Herzen ausgeht und sowohl Mitgefühl als auch Urteilsfreiheit umfasst. Bei einer bewussten Erkenntnis sind Gleichgewicht und die Wahrheit von Pink und Grün offenbar. Die Wahrheit ist, dass alles in Fülle da ist und dass das LEBEN unsere Bedürfnisse erfüllt. Von hier aus gibt es den Raum, um bewusst an der Erschaffung einer Welt der Liebe mitzuwirken.

Jin Shin Nr. 21

Tiefe Sicherheit
Freiheit von geistiger und weltlicher Gefangenschaft

Sorgen und Bedrückungen des Denkens werden aufgelöst.
Fortpflanzungs-Funktionen. Harmonisiert Trägheit
Lasse Licht in Körper, Seele und Geist fließen.

Ort: Unterseite der Wangenknochen
Planet/Zeichen: Saturn
Tarot: Das Universum (auch: Die Welt)

STRÖMUNGSPUNKTE:
Rechte Hand auf rechte Nr. 21 und linke Hand auf linke Nr. 21.
Rechte Hand auf rechte Nr. 21 und linke Hand auf rechte Nr. 22.
Dann linke Hand auf linke Nr. 21 und rechte Hand auf linke Nr. 22.

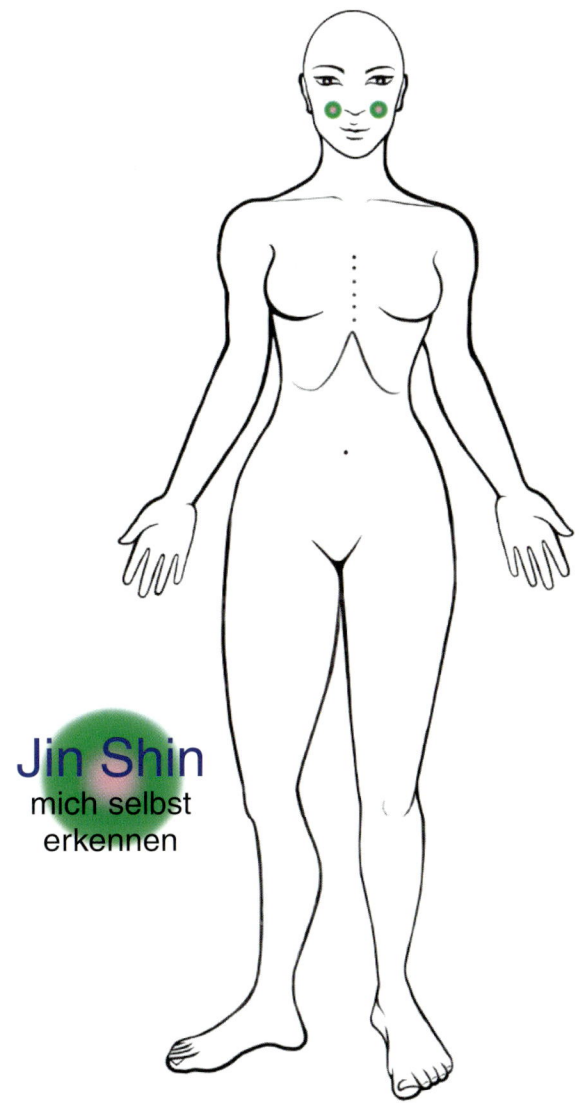

Jin Shin
mich selbst
erkennen

Aura-Soma Nr. 22

Gelb/Pink
Rebirther-Flasche/Erwachen

SCHLÜSSELBEGRIFFE:
Neue Perspektive. Wiedergeburt. Neuer Zyklus für die Seele. Bringt Freude und Glück zum Ausdruck. Die bedingungslose Liebe, die den Intellekt des bewussten Menschen nährt, bringt die Möglichkeit einer Wiedergeburt hervor. Das Licht der Sonne kommt in Liebe zur Erde. Angst loslassen. Weitergehen. Flasche der Meisterschwingung. Wiedergeburt der Liebe. Das Licht des Seelensterns. Erschütterung kann entstehen aus der Beziehung mit der Außenwelt.

SYNTHESE:
Aura-Soma Nr. 22 ist ein Ausdruck des Gelb/Rot, welche das „Ich bin" vermittelt. Es ist Vickys Flasche Nr. 5, durch die das Licht scheint. Die Botschaft steckt auch im Jin Shin-Punkt Nr. 22, der sagt: „Nimm mein Joch auf dich, denn Ich Bin."
Wenn wir Aura-Soma Nr. 22 (Gelb/Pink) verschütteln, erhalten wir Koralle, die Farbe des Liebe-Weisheit-Strahls. Es ist auch die Farbe von Christus (Rot) und Buddha (Gold): Bewusstsein kommt zusammen. Koralle ist die Komplementärfarbe von Türkis. Im Jin Shin wird die Nr. 22 als Bewusstseinsschwelle bezeichnet. Dies entspricht sowohl der Farbe Türkis als auch der Farbe Koralle.
Koralle ist der Liebe-Weisheit-Strahl des Neuen Zeitalters, ausgedrückt im Ananda-Khanda-Zentrum. Dieser Ausdruck ist unsere Schwelle zum

Bewusstsein. Alle 144000 Energiefunktionen des Körpers gehen durch die Jin Shin-Punkte Nr. 22. Die Zahl 144000 ist die symbolische Zahl aller Menschen, die erlöst werden. Bei der Arbeit mit Jin Shin Nr. 22 und Aura-Soma Nr. 22 sprechen wir alle die Funktionen des Körpers an, die im gleichen Rhythmus arbeiten.

Corinne Heline schrieb: „Die Macht der 22 steigt auf über jene der Zwei, wie der Geist sich über die Materie erhebt. Sie gehören zu höheren Oktaven der Kraft. Die Macht der 22 bewirkt eine Amalgamierung der Prinzipien Feuer, Luft, Wasser und Erde – und im astrologischen Bereich der Kräfte, die durch die vier fixen Zeichen Löwe, Wassermann, Skorpion und Stier wirken, welche man mit den vier Prinzipien in der genannten Reihenfolge assoziiert."

Die Alchemisten sagten über das Erlangen der 22: „In jeder Spezies gibt es vier Elemente, zwei männliche und zwei weibliche. Durch rechte Vereinigung derselben erhalten wir ein duales Wesen, eine zweite Ehe, ein neues Individuum."

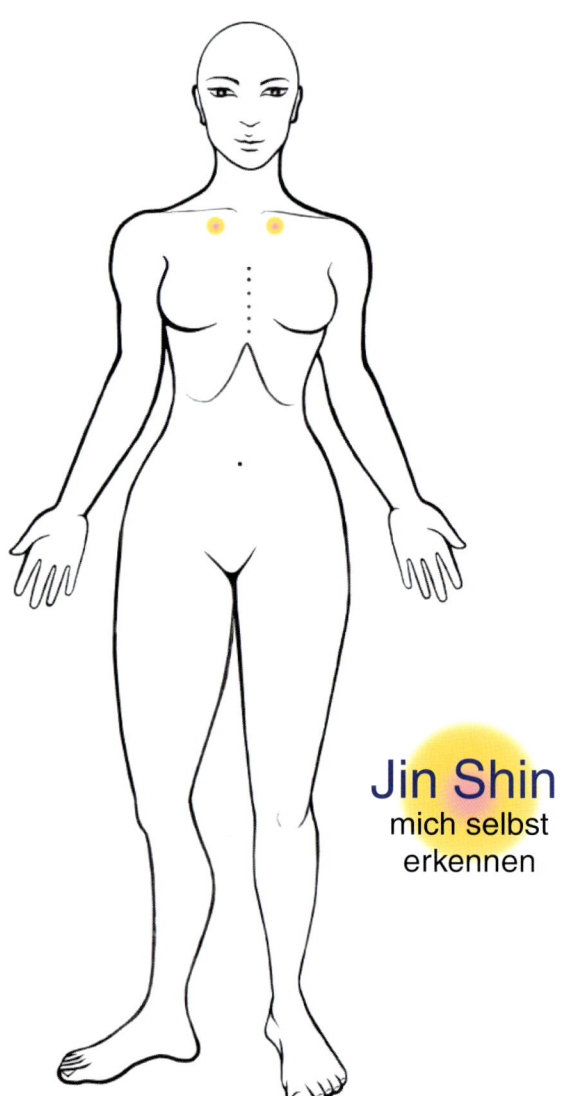

Jin Shin
mich selbst
erkennen

Jin Shin Nr. 22

Vollständigkeit
Sammeln und Verteilen

Vollkommene Annahme. „Nimm mein Joch auf dich, denn Ich Bin." Kein Widerstand gegen das, was ist. Bildung von Gedanken und Gewohnheiten. Vereinigungspunkt für die Ströme. Spiritueller Ausdruck von Gleichgewicht und Integration mit dem Selbst und anderen. Angst loslassen. Treiben mit dem ewigen Strom. Flexibilität und Geschmeidigkeit. Folge deiner Intuition. Harmonisiere Übergänge und Wechseljahre. Höhere Stufe von Nr. 4. Schwelle im Bewusstsein. Anpassung. Loslassen von Angst. Eindämmung.

Ort: Unter dem Schlüsselbein, seitlich des Brustbeins
Planet/Zeichen: alle umfassend
Tarot: Der höhere Aspekt des Narren in beiden Systemen.

STRÖMUNGSPUNKTE:
Rechte Hand auf rechte Nr. 22 und linke Hand auf linke Nr. 22.
Rechte Hand auf linke Nr. 22 und linke Hand auf linke Nr. 15.
Dann linke Hand auf rechte Nr. 22 und rechte Hand auf rechte Nr. 15.

Aura-Soma Nr. 23

Rosenpink/Pink
Liebe und Licht

SCHLÜSSELBEGRIFFE:
Weisheit und Verständnis, um die Liebe im Innern zu finden. Die bedingungslose Liebe im Unterbewussten bietet Unterstützung und Stärke für das weise, liebende Wesen, das im Bewussten aufsteigt. Handelt vom Leben und Sorgen für einen selbst. Finde deine innere Stärke. Lady Nada *(Nada* bedeutet im Sanskrit „heiliger Klang"). Liebe auf die Erde gebracht. Liebe ist alles und alles ist Liebe.

SYNTHESE:
Der Jin Shin-Punkt Nr. 23 handelt davon, wie wir für uns selbst sorgen und wie viel Aufmerksamkeit wir uns selbst zukommen lassen. Das ist unsere Verantwortung. Selbstfürsorge ist ein Indikator unserer Lebensqualität. Interessanterweise heißt es bei Aura-Soma über Nr. 23: „Kann dir helfen, deine innere Kraft zu finden." Jin Shin Nr. 23 ist der einzige Punkt der vierten Tiefe (Blase/Niere), welche die Funktionen der Muskeln kontrolliert. Die Muskeln sind der Teil unseres Körpers, in und mit dem wir unsere Kraft fühlen, aufbauen und zum Ausdruck bringen.
Süchte, die an den Jin Shin-Punkten Nr. 23 hängen bleiben, kann man betrachten unter dem Gesichtspunkt eines Mangels an Selbstliebe, aufgrund dessen man nicht genug für sich selbst sorgt. Dieses Merkmal ist ein elementarer Bestandteil von Suchtverhalten.

Der Jin Shin-Punkt Nr. 23 liegt über den Nieren, wo wir unser *Chi* speichern, unsere Vital- oder Lebenskraft. Aura-Soma Nr. 23 (Rosenpink/Pink) ist die Lebenskraft des Rot, durch das Licht scheint. Das Licht verbindet das Unmanifestierte mit dem Manifestierten. Liebe und Licht – das Schlüsselwort von Aura-Soma Nr. 23 –, können als Verbindung zu Jin Shin Nr. 23 dienen, da beide Systeme zum Ausdruck bringen, dass das Licht die Verbindung zwischen Himmel und Erde ist. Jeder von uns ist eine Facette des Lichtes.

Jin Shin Nr. 23

Wächter des menschlichen Schicksals

Ordentliche Zirkulation und Instandhaltung. Energie fürs Leben. Lebensqualität. Verbindet Himmel und Erde. Alle Süchte bleiben hängen. Verbindet das Manifestierte mit dem Unmanifestierten. Der Kern aller nummerierten Punkte.

Ort: Unter der letzten Rippe, neben der Wirbelsäule
Planet/Zeichen: Alle umfassend
Tarot: König der Stäbe (Aura-Soma), alles umfassend (Jin Shin)

STRÖMUNGSPUNKTE:
Rechte Hand auf rechte Nr. 23 und linke Hand auf linke Nr. 23.
Rechte Hand auf rechte Nr. 23 und linke Hand auf rechte Nr. 5.
Dann linke Hand auf linke Nr. 23 und rechte Hand auf linke Nr. 5.

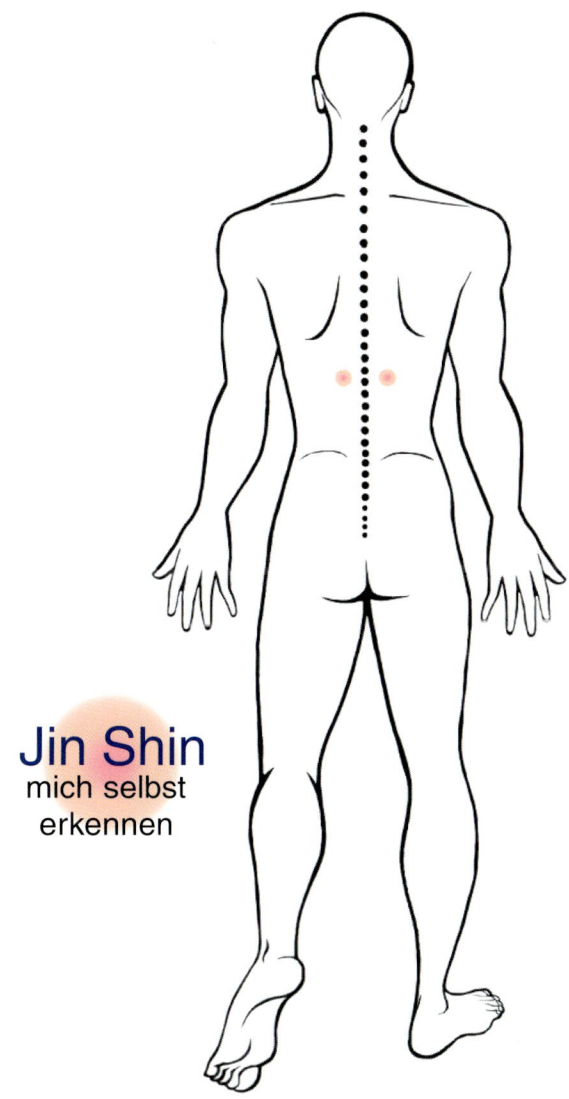

Jin Shin
mich selbst
erkennen

Aura-Soma Nr. 24

Violett/Türkis
Neue Botschaft

SCHLÜSSELBEGRIFFE:

Die Kommunikation des Geistes durch das Herz. Kreative Kommunikation im Unterbewussten, die sich verbindet mit dem wahren Geist im Bewussten. Kommunikation von Herz zu Herz. Neue Ebene und Mitteilung der Liebe – das Neue Zeitalter. Beginn des Erwachens von spiritueller Kommunikation der Liebe auf Erden. Finde deine Dualseele.

SYNTHESE:

Jin Shin nennt die Nr. 24 den „Friedensstifter". Versteckt in Aura-Soma Nr. 24 (Violett/Türkis) ist Blau/Blau, die Friedens-Flasche. Frieden ist die Kommunikation, die durch uns kommt.

Ein Ausdruck der Nr. 24 (Violett/Türkis) ist „Finde deine Dualseele." Die Suche nach unserer Dualseele oder unserem Seelengefährten ist eine Suche nach dem Selbst. Sie war für alle Menschen seit Anbeginn der Zeit eine zentrale Aktivität. Aus dem Chaos steigen wir empor. In diesem Zusammenhang ist Chaos ein Zustand, der dem Aufsteigen auf eine höhere Bewusstseinsebene vorausgeht. Das Türkis erkennt an, dass wir in einem Bewusstseins-Kontinuum durch Raum und Zeit leben. Das Rot im Violett ist Liebe, das Blau im Violett ist unser göttlicher Lebensplan. Das Gelb im Türkis ist die Erkenntnis unseres Seelensterns.

Die Nr. 24 (2+4=6) ist die Sechs, die Vereinigung von Himmel und Erde. Die Vereinigung von Himmel und Erde und die Entdeckung unseres Seelengefährten findet zuerst in uns selbst statt. Wenn wir verstehen, dass dies so ist, gibt es keinen Grund mehr, auf dem Eifersucht gedeiht. Das ist die neue Botschaft, die Verständnis bringen und das Chaos harmonisieren wird.

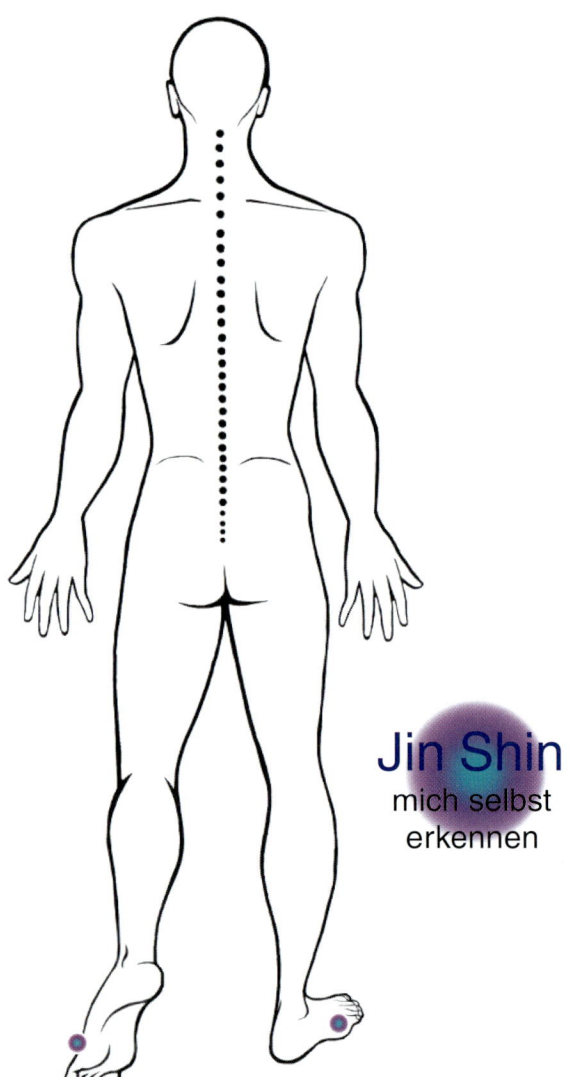

Jin Shin
mich selbst
erkennen

Jin Shin Nr. 24

Verständnis
Chaos harmonisieren und beilegen

Klärt Eifersucht, Rachsucht, Sturheit und Gereizt-heit.
Der Friedensstifter. Vollkommenes Verständnis.

Ort: Fußaußenrand, Mitte zwischen kleiner Zehe und Ferse
Planet/Zeichen: alle umfassend
Tarot: Königin der Stäbe (Aura-Soma), alles um-fassend (Jin Shin)

STRÖMUNGSPUNKTE:
Rechte Hand auf rechte Nr. 24 und linke Hand auf linke Nr. 24.
Rechte Hand auf linke Nr. 26 und linke Hand auf rechte Nr. 24.
Dann linke Hand auf rechte Nr. 26 und rechte Hand auf linke Nr. 24.

Aura-Soma Nr. 25

Rotviolett/Magenta
Florence Nightingale/ Rekonvaleszenz-Flasche

SCHLÜSSELBEGRIFFE:

Ein Pioniergeist. Die Suche nach spirituellem Wissen. Die ungeduldige Seelenerinnerung im Unterbewussten will sich mit dem wahren Geist verbinden. Jemand, der auf eine neue Lebensweise zugeht. Tiefe Liebe zu sich selbst. Aufnahme und Blick nach innen, nach der Kraft, um weiterzugehen. Verbindet sich mit allen Strahlen des Lichtspektrums. Vereint alles Leben. Die Meister.

SYNTHESE:

„Die Hände in den Schoß legen" ist eine gebräuchliche Redewendung für im Sitzen ausgeübte Untätigkeit. Dabei sitzt man auf den Jin Shin-Punkten Nr. 25, die sich „still erneuern". Doch die Menschen täten wohl daran, die Hände für eine Weile in den Schoß zu legen. So können sie „still sein und wissen". Aura-Soma Nr. 25 enthält Blau, das sowohl im oberen als auch im unteren Teil versteckt ist. In der Stille ist die Qualität des wahren inneren Friedens (Blau) zu erkennen, wenn man sich die Zeit nimmt, in die Stille zu gehen.

Jin Shin Nr. 25 drückt aus, dass unser ganzes Wesen neu belebt wird. Wir können unser inneres Wesen nach der Genesung erleben. Wenn unsere Selbstliebe groß genug ist, dass wir uns Zeit lassen für eine umfassende Heilung, dann können wir frei von Angst sein.

Das Magenta im unteren Teil der Equilibrium-Flasche steht für die Aufmerksamkeit, Fürsorge und göttliche Liebe, für die Florence Nightingale bekannt wurde. Sie diente allen Menschen in Not, das ist die Qualität von Violett. Wenn wir stets sich verströmende göttliche Liebe im Magenta erleben, indem wir uns Zeit und Aufmerksamkeit für unsere eigene Regeneration geben, kann unser ganzes Wesen neu belebt werden und frei von Angst sein. Auch dem versteckten Blau könnten wir begegnen, das uns daran erinnert, dass die Energie der göttlichen Liebe immer zur Verfügung steht.

Die Nr. 25 ist die Sieben. Der siebte Tag ist der Tag der Ruhe. Sieben ist das Hervortreten aus dem Chaos in eine höhere und vollkommenere Ordnung.

Jin Shin Nr. 25

Stilles Erneuern

Sei still und erkenne. Neubelebung in der Stille. Das ganze Wesen wird neu belebt. Frei von Angst. Joggen für den Faulen. Hilft uns, die Aufmerksamkeit zu sammeln. Reinigt den Körper.

Ort: Sitzbeinhöcker
Planet/Zeichen: alle umfassend
Tarot: Ritter der Stäbe (Aura-Soma), alles umfassend (Jin Shin)

STRÖMUNGSPUNKTE:
Rechte Hand auf rechte Nr. 25 und linke Hand auf linke Nr. 25.
Rechte Hand auf rechte Nr. 25 und linke Hand auf rechte Nr. 5.
Dann linke Hand auf linke Nr. 25 und rechte Hand auf linke Nr. 5.

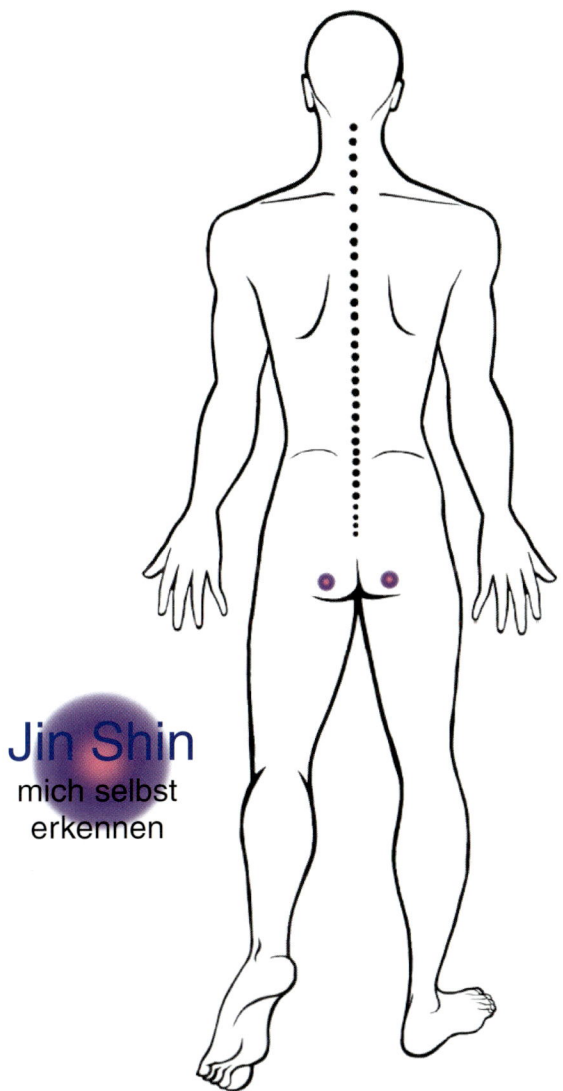

Jin Shin
mich selbst
erkennen

Aura-Soma Nr. 26

Orange/Orange
Schock-Flasche

SCHLÜSSELBEGRIFFE:
„Setze es wieder zusammen." Vereinheitlichung der Zeitlinie. Der Stoßdämpfer. Kann helfen, Ekstase auf allen Ebenen bis hin zur Seele zu erreichen. Bezieht sich auf den Ätherleib. Re-Integration. Setzt alles wieder zusammen. Lass los von Hindernissen, die mit dem früheren Leben zusammenhängen. Hilfe für das innere Kind. Veränderung. Wiedererlangen der Ausgeglichenheit im Emotionalkörper.

SYNTHESE:
In Aura-Soma und anderen Systemen der subtilen Anatomie verbindet uns das Orange mit dem Ätherleib. Auf energetischer Ebene ist das Erleben eines Schocks wie ein Riss in dieser Verbindung. Deshalb kann uns Aura-Soma Nr. 26 eine große Hilfe sein, wenn wir durch Veränderungen und Schocks gehen. Aura-Soma Nr. 26 (Orange/Orange) verkauft sich fünfmal so häufig wie jede andere Equilibrium-Flasche in dem 102-teiligen Spektrum der Aura-Soma-Farbkombinationen. Jin Shin Nr. 26 bringt uns zum Ende eines Zyklus und dann auf den Weg in einen weiteren.

Die tiefe Bedeutung unserer Verbindung zum Göttlichen über den Ätherleib wird sowohl im Jin Shin als auch bei Aura-Soma mit dieser Zahl assoziiert. Die esoterische Bedeutung der Nr. 26 ist die Zahl Gottes. Dies gilt für die hebräische und die englische Sprache. Die Nr. 26 ist der Zahlenwert des Namens Aura-Soma. Die Nr. 26 (2+6=8) wird zu einer Acht. Die liegende Acht ist das Zeichen für Unendlichkeit und vermittelt uns, dass alles immer ein Kreislauf ist. Bei der Nr. 8 sagen wir auch „wie oben, so unten". Das ist das spirituelle Axiom von Jin Shin.

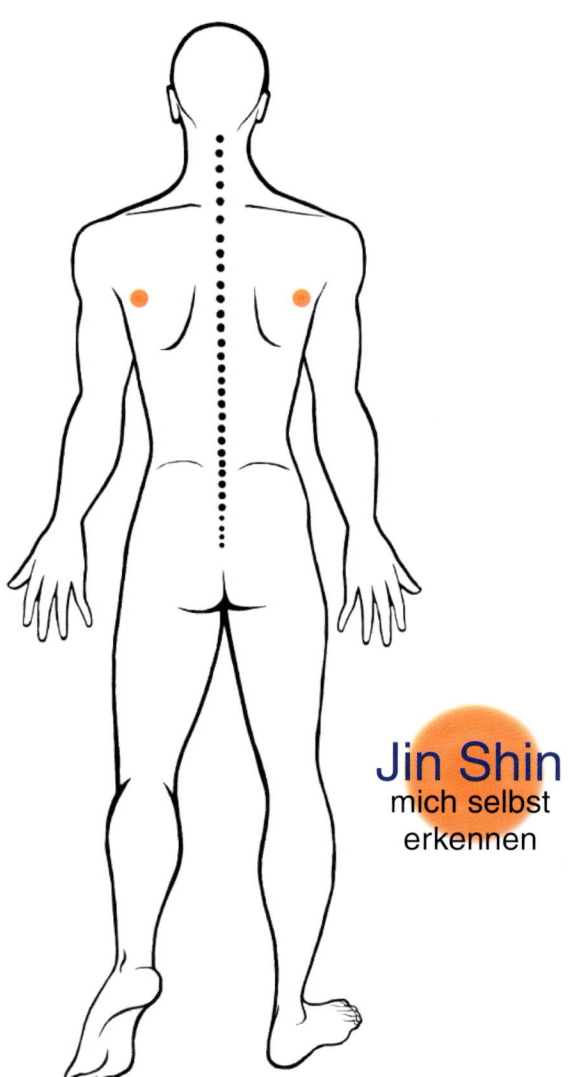

Jin Shin
mich selbst
erkennen

Jin Shin Nr. 26

Vollständigkeit
Was war, ist und sein wird.

Die vollkommene Verwirklichung der ganzen Herr-
lichkeit des grenzenlosen Lebens. Die Addition von
2 und 6 ergibt 8, das Zeichen für Unendlichkeit.
Liebe dich selbst. Führt zurück zu der 0, die deine
Ganzheit symbolisiert.

Ort: Äußerer Schulterblattrand, hinter der Achsel-
höhle
Planet/Zeichen: alle umfassend
Tarot: Page der Stäbe (Aura-Soma), alles umfassend (Jin Shin)

STRÖMUNGSPUNKTE:
Rechte Hand auf linke Nr. 26 und linke Hand auf
rechte Nr. 26.
Rechte Hand auf linke Nr. 26 und linker Daumen
auf jeden linken Zeige-, Mittel-, Ring- und Kleinfingernagel.
Wiederholen mit linker Hand auf rechter Nr. 26 und
rechtem Daumen auf jedem rechten Zeige-, Mittel-,
Ring- und Kleinfingernagel.

Die Zahl 26 …

… bei Aura-Soma:

Aura-Soma ist 26. Die Zahlenwerte jedes Buchstabens im Namen Aura-Soma addieren sich zu 26. Kann es sein, dass 26 eine tiefe Bedeutung hinsichtlich der Möglichkeit hat, dass wir uns durch Aura-Soma auf unsere direkte Kommunikation mit dem Unendlichen Einen besinnen können, die uns die Gelegenheit bietet, uns selbst als Teil des Unendlichen Einen zu erleben?

… bei Jin Shin Jyutsu:

Es gibt 26 Punkte auf der rechten Seite und 26 Punkte auf der linken Seite des Körpers. Beide Seiten spiegeln einander. Jede Seite hat ihre Yin- und Yang-Natur. Die 26 ist vollständig.

… im Kalender:

26 Wochen geht das Jahr von der dunklen Wintersonnenwende zur hellen Sommersonnenwende und 26 Wochen von der Sommersonnenwende wieder zur Wintersonnenwende; so füllt sich ein ganzer Jahreskreis. Dieser Zyklus manifestiert ein weiteres Yin/Yang-Prinzip in der Natur.

… im Lebensbaum:

Die Summe der Zahlenwerte aller Sephiroth auf der Mittelsäule des Lebensbaums addiert sich zu 26: Kether =1, Tiphereth = 6, Jesod = 9, Malkuth = 10; 1+6+9+10=26. Die Kabbala bezeichnet diesen mittleren Weg als direkte Kommunikation mit Gott, die Himmel und Erde verbindet. Nr. 26 (Orange/Orange) wohnt in der Sphäre von Malkuth. Im Tarot ist die Nr. 26 der Page der Stäbe und hat die Möglichkeit, über die mittlere Säule (die Säule des Gleichgewichts) direkt von Malkuth zu Kether aufzusteigen.

… im Alphabet:

Das Alphabet umfasst 26 Buchstaben

… im Englischen:

Die Summe der Zahlenwerte der Buchstaben des englischen Wortes für Gott ist 26: G + O + D = 7 + 15 + 4 = 26

… im Hebräischen:

Die Summe der Zahlenwerte der Buchstaben des hebräischen Wortes für Jehova ist 26: I + H + V + H = 10 + 5 + 6 + 5 = 26

… in der freimaurerischen Praxis:

Die relativen Seitenlängen des Freimaurerschurzes addieren sich zu 26 (10 + 5 + 6 + 5 = 26). In der Mitte des Schurzes steht der Name Jehova.

… im Tarot:

Die folgerichtigen Stellenwerte der vier Cherubim in der kabbalistischen Analogie addieren sich zu der Zahl 26. Sie werden von den vier fixen Zeichen im Tierkreis repräsentiert. Die Zeichen Stier (Erde), Löwe (Feuer), Skorpion (Wasser) und Wassermann (Luft) und ihre Stellenwerte im Tierkreis (2, 5, 8 und 11) addieren sich zu 26. Die Symbole für jedes dieser vier Zeichen erscheinen in jeder Ecke der Aura-Soma-Tarotkarten: Nr. 5 Der Hierophant (Gelb/Rot), Nr. 10 Das Rad des Schicksals (Grün/Grün), Nr. 21 Die Welt (Grün/Pink) und Nr. 88, der höhere Aspekt der Welt (Grün/Blau).

… in der Mathematik:

Die Zahl 26 repräsentiert den Wert der Quadratur des Kreises. Die Zahl 22 steht für den Kreis (denn $\pi = 22/7$), die Vier für das Quadrat. Die Zahl 26 kann auch für „Kreis und Kreuz" stehen.

0	1	2	3	4
Königsblau Tiefmagenta	Blau Tiefmagenta	Blau Blau	Blau Grün	Gelb Gold
	10 Grün Grün	11 Klar Pink	12 Klar Blau	13 Klar Grün
	19 Rot Rotviolett	20 Blau Pink	21 Grün Pink	22 Gelb Pink
	28 Grün Rot	29 Rot Blau	30 Blau Rot	31 Grün Gold
	37 Violett Blau	38 Violett Grün	39 Violett Gold	40 Rot Gold
	46 Grün Magenta	47 Königsblau Zitronengelb	48 Violett Klar	49 Türkis Violett
	55 Klar Rot	56 Hellviolett Hellviolett	57 Hellpink Hellblau	58 Hellblau Hellpink
	64 Smaragdgrün Klar	65 Violett Rot	66 Hellviolett Hellpink	67 Magenta Magenta
	73 Gold Klar	74 Hellgelb Hellgrün	75 Magenta Türkis	76 Pink Gold
	82 Grün Orange	83 Türkis Gold	84 Pink Rot	85 Türkis Klar
	91 Oliv Oliv	92 Koralle Oliv	93 Koralle Türkis	94 Hellblau Hellgelb
	100 Klar Tiefmagenta	101 Hellblau Helloliv		

5	6	7	8	9
Gelb	Rot	Gelb	Gelb	Türkis
Tiefmagenta	Tiefmagenta	Blau	Grün	Gold

14	15	16	17	18
Klar	Klar	Violett	Grün	Gelb
Gold	Violett	Violett	Violett	Violett

23	24	25	26	27
Rosenpink	Violett	Rotviolett	Orange	Rot
Pink	Türkis	Magenta	Orange	Grün

32	33	34	35	36
Königsblau	Königsblau	Pink	Pink	Violett
Gold	Türkis	Türkis	Violett	Pink

41	42	43	44	45
Gold	Gelb	Türkis	Hellviolett (Flieder)	Türkis
Gold	Gelb	Türkis	Hellblau	Magenta

50	51	52	53	54
Hellblau	Hellgelb	Hellpink	Hellgrün	Klar
Hellblau	Hellgelb	Hellpink	Hellgrün	Klar

59	60	61	62	63
Hellgelb	Blau	Hellpink	Helltürkis	Smaragdgrün
Hellpink	Klar	Hellgelb	Helltürkis	Hellgrün

68	69	70	71	72
Blau	Magenta	Gelb	Pink	Blau
Violett	Klar	Klar	Klar	Orange

77	78	79	80	81
Klar	Violett	Orange	Rot	Pink
Magenta	Tiefmagenta	Violett	Pink	Pink

86	87	88	89	90
Klar	Koralle	Grün	Rot	Gold
Türkis	Koralle	Blau	Tiefmagenta	Tiefmagenta

95	96	97	98	99
Magenta	Königsblau	Gold	Lila	Helloliv
Gold	Königsblau	Königsblau	Koralle	Pink

Energie von Farbe und Zahl

Aura-Soma Farben	Aura-Soma Schlüsselwort	Zahl	Jin Shin Schlüsselwort	Körper-punkt
Königsblau/ Tiefmagenta	Spirituelles Notfallöl	0	Oval	umgibt den phys. Körper
Blau/ Tiefmagenta	Körperliches Nofallöl	1	Urbeweger	Innenseite des Knies
Blau/ Blau	Friedensflasche	2	Weisheit	Mitte des oberen Hüftknochen-randes
Blau/ Grün	Herzflasche	3	Tür zum Verständnis	innere obere Ecke des Schulterblatts
Gelb/ Gold	Sonnenflasche	4	Intelligenz messen	Schädelbasis hinten
Gelb/ Rot	Sonnenaufgang Sonnenuntergang	5	Erneuerung	Fußgelenks-innenseite zwischen Knöchel und Ferse

Rot/ Rot	Energieflasche	6	Gleichgewicht	Fußgewölbe, Fußinnenseite
Gelb/ Grün	Garten von Gethsemane	7	Vollendete Lebenskraft	Mitte der Groß- zehenunterseite
Gelb/ Blau	Anubis	8	Rhythmus	unterhalb des Knies,außen
Türkis/ Grün	Kristallhöhle	9	Das Ende eines Zyklus ist der Be- ginn eines neuen	zwischen unterem Ende des Schul- terblatts und Wir- belsäule
Grün/ Grün	Geh, umarme einen Baum	10	grenzenlose Lebenskraft	zwischen Schul- terblattmitte und Wirbelsäule
Klar/ Pink	Eine Kette aus Blüten	11	Abladen überflüs- sigen Gepäcks	unteres Nacken- ende, neben der Wirbelsäule
Klar/ Blau	Friede in der neuen Zeit	12	nicht mein, son- dern dein Wille	Nackenmitte, neben der Wirbelsäule

Klar/ Grün	Veränderung in der neuen Zeit	13	Fruchtbarkeit	zwischen 4. u. 5. Rippe neben dem Brustbein
Klar/ Gold	Weisheit in der neuen Zeit	14	Ausdauer	Brustkorb vorn, unter der tiefsten Rippe
Klar/ Violett	Heilung im neuen Zeitalter	15	Freude und Lachen	Leistenbeuge, seitlich des Schambeins
Violett/ Violett	Das violette Gewand	16	Basis und Fundament aller menschlichen Aktivität	Fußaußenseite, unter dem Knöchel
Grün/ Violett	1. Troubadour-Flasche, Hoffnung	17	Fortpflanzungs-energie	Handgelenk außen, in kleiner Einkerbung
Gelb/ Violett	1. Ägypter-Flasche	18	Körperbewusstsein	Handinnenfläche, Daumenwurzel
Rot/ Rotviolett	In der materiellen Welt leben	19	Autorität, inneres Gleichgewicht	in der Armbeuge, Daumenseite

Blau/ Pink	Sternenkind	20	Ewigkeit	Stirn, oberhalb der Augenbrauenmitte
Grün/ Pink	Neubeginn für Liebe	21	Freiheit von geistiger Gefangenschaft	Unterseite der Wangenknochen
Gelb/ Pink	Rebirther-Flasche	22	Vollständigkeit	unter dem Schlüsselbein, seitlich des Brustbeins
Rosenpink/ Pink	Licht & Liebe	23	Wächter des menschlichen Schicksals	unter letzter Rippe, neben Wirbelsäule
Violett/ Türkis	Neue Botschaft	24	Verständnis	Fußaußenrand, Mitte zwischen kleiner Zehe und Ferse
Rotviolett/ Magenta	Florence Nightingale	25	Stilles Erneuern	Sitzbeinhöcker
Orange/ Orange	Schock-Flasche	26	Was war, ist und sein wird	äußerer Schulterblattrand hinter der Achselhöhle

Widerhall der Energien von Zahl und Farbe

Zahl	Zahl + Zahl	Zahl x Zahl	Zahl x 10	Meisterzahl
0 Königsblau/ Tiefmagenta Der Narr	0 + 0 = 0 Königsblau/ Tiefmagenta Der Narr	0 x 0 = 0 Königsblau/ Tiefmagenta Der Narr	0 x 10 = 0 Königsblau/ Tiefmagenta Der Narr	0 Königsblau/ Tiefmagenta Der Narr
1 Blau/ Tiefmagenta Der Magier	1 + 1 = 2 Blau/ Blau Die Hohepriesterin	1 x 1 = 1 Blau/ Tiefmagenta Der Magier	1 x 10 = 10 Grün/ Grün Rad des Schicksals	11 Klar/ Pink Kraft
2 Blau/ Blau Die Hohepriesterin	2 + 2 = 4 Gelb/ Gold Der Herrscher	2 x 2 = 4 Gelb/ Gold Der Herrscher	2 x 10 = 20 Blau/ Pink Das Gericht	22 Gelb/ Pink Der Narr
3 Blau/ Grün Die Herrscherin	3 + 3 = 6 Rot/ Rot Die Liebenden	3 x 3 = 9 Türkis/ Grün Der Eremit	3 x 10 = 30 Blau/ Rot Sieben der Stäbe	33 Königsblau/ Türkis Vier der Stäbe
4 Gelb/ Gold Der Herrscher	4 + 4 = 8 Gelb/ Blau Gerechtigkeit	4 x 4 = 16 Violett/ Violett Der Turm	4 x 10 = 40 Rot/ Gold Page der Kelche	44 Hellviolett (Flieder) Hellblau Sieben der Kelche

Zahl	Zahl + Zahl	Zahl x Zahl	Zahl x 10	Meisterzahl
5 Gelb/ Rot Der Hierophant	5 + 5 = 10 Grün/ Grün Rad des Schicksals	5 x 5 = 25 Rotviolett/ Magenta Ritter der Stäbe	5 x 10 = 50 Hellblau/ Hellblau Ass der Kelche	55 Klar/ Rot Zehn der Schwerter
6 Rot/ Rot Die Liebenden	6 + 6 = 12 Klar/ Blau Der Gehängte	6 x 6 = 36 Violett/ Pink Ass der Stäbe	6 x 10 = 60 Blau/ Klar Fünf der Schwerter	66 Hellviolett/ Hellpink Königin der Münzen
7 Gelb/ Grün Der Wagen	7 + 7 = 14 Klar/ Gold Die Mäßigkeit	7 x 7 = 49 Türkis/ Violett Zwei der Kelche	7 x 10 = 70 Gelb/ Klar Neun der Münzen	77 Klar/ Magenta Zwei der Münzen
8 Gelb/ Blau Gerechtigkeit	8 + 8 = 16 Violett/ Violett Der Turm	8 x 8 = 64 Smaragdgrün/ Klar Ass der Schwerter	8 x 10 = 80 Rot/ Pink Die Hohepriesterin	88 Grün/ Blau Rad des Schicksals
9 Türkis/ Grün Der Eremit	9 + 9 = 18 Gelb/ Violett Der Mond	9 x 9 = 81 Pink/ Pink Die Herrscherin	9 x 10 = 90 Gold/ Tiefmagenta Der Gehängte	99 Helloliv/ Pink Die Welt

Equilibrium-Nummern und Schlüsselbegriffe

0 KÖNIGSBLAU/TIEFMAGENTA
Spirituelles Wohlbefinden
Bringt Klarheit ins Sehen und Fühlen im körperlichen Leben ✳ Der Narr

1 BLAU/TIEFMAGENTA
Wohlbefinden
Kommunikation mit dem inneren Wesen
✳ Der Magier

2 BLAU/BLAU
Friedensflasche
Friedvolle Übermittlungen ✳ Die Hohepriesterin

3 BLAU/GRÜN
Herzflasche/Die Atlanter-Flasche
Nährende Kommunikation des Herzens
✳ Die Herrscherin

4 GELB/GOLD
Sonnenflasche/Sonnenlicht
Wissen und Weisheit. Der Denker, der Student, der Lehrer ✳ Der Herrscher

5 GELB/ROT
Sonnenaufgang/Sonnenuntergang
Die Weisheit zum sorgsamen Umgang mit der Energie, die man hat ✳ Der Hierophant

6 ROT/ROT
Energieflasche
Energie-Erneuerung. Basisenergie der Liebe ✳ Die Liebenden

7 GELB/GRÜN
Garten von Gethsemane
Die Weisheit, dem Prozess/Fortgang des Lebens zu vertrauen ✳ Der Wagen

8 GELB/BLAU
Anubis
Weisheit durch innere Mitteilungen
✳ Die Gerechtigkeit

9 TÜRKIS/GRÜN
Kristallhöhle/Herz im Herzen
Das transzendente Herz ✳ Der Eremit

10 GRÜN/GRÜN
Geh, umarme einen Baum
Ein neuer Ort und ein neuer Raum
✳ Das Rad des Schicksals

11 KLAR/PINK

Eine Kette aus Blüten/1. Essenerflasche

Klarheit des Denkens, die Seele im Innern zu lieben ✳ Die Kraft

12 KLAR/BLAU

Friede in der neuen Zeit

Strahlt Licht auf inneres Wachstum, Kreativität und Fruchtbarkeit ✳ Der Gehängte

13 KLAR/GRÜN

Veränderung in der neuen Zeit

Erleuchtung des Herzens ✳ Der Tod

14 KLAR/GOLD

Weisheit in der neuen Zeit

Ein Schmetterling Klarheit des Denkens. Weisheit der neuen Zeit ✳ Die Mäßigkeit

15 KLAR/VIOLETT

Heilung im neuen Zeitalter

Die Seele erheben, geläutert und heil werden ✳ Der Teufel

16 VIOLETT/VIOLETT

Das violette Gewand

Erwache für dein wahres Selbst und den Dienst ✳ Der Turm

17 GRÜN/VIOLETT

1. Troubadour-Flasche/Hoffnung

Neubeginn für Spiritualität ✳ Der Stern

18 GELB/VIOLETT

1. Ägypter-Flasche, Wendepunkt

Spiritueller Lehrer. Die Weisheit besitzen, einen Weg des Dienens zu finden ✳ Der Mond

19 ROT/ROTVIOLETT

In der materiellen Welt leben

Regeneration. Wir erneuern unseren Körper, indem wir unsere Geisteshaltung erneuern. ✳ Die Sonne

20 BLAU/PINK

Sternenkind, Kinder-Notfallöl

Intuitive Liebe. Mitteilung von bedingungsloser Liebe ✳ Das Gericht

21 GRÜN/PINK

Neubeginn für Liebe

Neuer Raum für eine neue Richtung ✳ Die Welt

22 GELB/PINK

Rebirther-Flasche

Erwachen. Neue Perspektive. Wiedergeburt ✳ Der Narr

23 ROSENPINK/PINK
Licht & Liebe
Weisheit und Verständnis, um die Liebe im Innern
zu finden ✳ König der Stäbe

24 VIOLETT/TÜRKIS
Neue Botschaft
Die Kommunikation des Geistes durch das Herz
✳ Königin der Stäbe

25 ROTVIOLETT/MAGENTA
Florence Nightingale
Ein Pioniergeist. Eine Suche nach spirituellem
Wissen ✳ Ritter der Stäbe

26 ORANGE/ORANGE
Schock-Flasche
„Setze es wieder zusammen.“
✳ Page der Stäbe

27 ROT/GRÜN
Robin Hood
Ansteckende Begeisterung für das Leben
✳ Zehn der Stäbe

28 GRÜN/ROT
Maid Marion (Robin Hoods Gefährtin)
Energie, den eigenen Raum zu finden. Pionier.
Neun der Stäbe

29 ROT/BLAU
Steh auf und wandle
Rechte Aktivität wird zu Harmonie und Frieden
führen. ✳ Acht der Stäbe

30 BLAU/ROT
Den Himmel auf die Erde bringen
Himmel auf Erden. Lebensqualität.
✳ Sieben der Stäbe

31 GRÜN/GOLD
Die Fontäne
Wissen durch Finden des eigenen Raumes.
✳ Sechs der Stäbe

32 KÖNIGSBLAU/GOLD
Sophia
Eine Gutes verheißende Botschaft
✳ Fünf der Stäbe

33 KÖNIGSBLAU/TÜRKIS
Delphin. Frieden mit der eigenen Bestimmung.
Innere Unterweisung. Mitteilung des Herzens
✳ Vier der Stäbe

34 PINK/TÜRKIS
Die Geburt der Venus
Zugang zu den verborgenen Geheimnissen des
Lebens und der Liebe ✳ Drei der Stäbe

35 PINK/VIOLETT
Freundlichkeit
Dienen aus bedingungsloser Liebe. Liebe von oben * Zwei der Stäbe

36 VIOLETT/PINK
Nächstenliebe
Freundlichkeit im Dienen, Mitgefühl und Verständnis * Ass der Stäbe

37 VIOLETT/BLAU
Der Schutzengel kommt auf die Erde
Stützt und schützt ausgeglichene Kommunikation * König der Kelche

38 VIOLETT/GRÜN
2. Troubadour-Flasche,
Scharfsinn Gleichgewicht von Bewusstem und Unterbewusstem * Königin der Kelche

39 VIOLETT/GOLD
2. Ägypter-Flasche, Der Puppenspieler
Wissen und Dienen, Mitfühlen und Verstehen * Ritter der Kelche

40 ROT/GOLD
Ich bin
Energie, um Selbstwissen zu finden. Ausgedehnte Aktivität * Page der Kelche

41 GOLD/GOLD
Weisheitsflasche, El Dorado
Der Kelch fließt über. Quintessenz der Weisheit auf allen Ebenen * Zehn der Kelche

42 GELB/GELB
Die Ernte
Freude, Weisheit, Glück, Seligkeit, Erwachen * Neun der Kelche

43 TÜRKIS/TÜRKIS
Kreativität
Mitteilungen des Herzens. Verlass dich auf deine Seele * Acht der Kelche

44 HELLVIOLETT (FLIEDER)/HELLBLAU
Der Schutzengel
Die lila Flamme der Verwandlung. Blau des absoluten Schutzes * Sieben der Kelche

45 TÜRKIS/MAGENTA
Atem der Liebe
Notwendigkeit und Geschenk, Liebe zu empfangen und zu geben * Sechs der Kelche

46 Grün/Magenta
Der Wanderer
Entdeckung innerer Stärke und Liebe * Fünf der Kelche

47 KÖNIGSBLAU/ZITRONENGELB

Alte Seele

Eine Zeit, um neue Ziele zu formulieren.
✳ Vier der Kelche

48 VIOLETT/KLAR

Flügel der Heilung

Spiritueller Reiniger. Eine Zeit der Innenschau
✳ Drei der Kelche

49 TÜRKIS/VIOLETT

Neuer Bote

Elastizität des Denkens durch innere Kommunikation ✳ Zwei der Kelche

50 HELLBLAU/HELLBLAU

El Morya

Die Kraft hinter dem Thron des Bewusstseins
✳ Ass der Kelche

51 HELLGELB/HELLGELB

Kuthumi

Kommunikation in beide Richtungen. Oben und
unten ✳ König der Schwerter

52 HELLPINK/HELLPINK

Lady Nada

Spirituelles Wachstum durch Liebesfähigkeit
✳ Königin der Schwerter

53 HELLGRÜN/HELLGRÜN

Hilarion

Das reine Herz. Regeneration ✳ Ritter der
Schwerter

54 KLAR/KLAR

Serapis Bey

Die Macht des Lichtes. Weitendes Bewusstsein
✳ Page der Schwerter

55 KLAR/ROT

Der Christus

Licht und Inspiration kommen in die physische
Welt ✳ Zehn der Schwerter

56 HELLVIOLETT/HELLVIOLETT

Saint Germain

Der Gang auf den Pfaden des höchsten Ranges
✳ Neun der Schwerter

57 HELLPINK/HELLBLAU

Pallas Athene & Aeolus

Lass los und vertraue. Persönliche Unabhängigkeit ✳ Acht der Schwerter

58 HELLBLAU/HELLPINK

Orion & Angelika

Mutterliebe, Vaterliebe, geistige Liebe ✳ Sieben
der Schwerter

59 HELLGELB/HELLPINK
Lady Portia
Potential großer Freude und Seligkeit ✳ Sechs
der Schwerter

60 BLAU/KLAR
Lao-Tse & Kwan-Yin
Sei still und „wisse", wer du bist ✳ Fünf der
Schwerter

61 HELLPINK/HELLGELB
Sanat Kumara & Lady Venus Kumara
Wie oben so unten ✳ Vier der Schwerter

62 HELLTÜRKIS/HELLTÜRKIS
Maha Chohan
Das Meer reinen universellen Bewusstseins
✳ Drei der Schwerter

63 SMARAGDGRÜN/HELLGRÜN
Djwal Khul & Hilarion
Neubeginn bringt Ausgleich und Gerechtigkeit.
✳ Zwei der Schwerter

64 SMARAGDGRÜN/KLAR
Djwal Khul
Ich bin der Weg … höre und folge
✳ Ass der Schwerter

65 VIOLETT/ROT
Den Kopf im Himmel und die Füße auf dem Boden
„Ich bin" kommt auf die Erde. Transformation.
✳ König der Münzen

66 HELLVIOLETT/HELLPINK
Die Schauspielerin
Bedingungslose Liebe im Dienst an anderen
✳ Königin der Münzen

67 MAGENTA/MAGENTA
Göttliche Liebe, Liebe in den kleinen Dingen
Göttliche Liebe fließt ins Dienen ein.
✳ Ritter der Münzen

68 BLAU/VIOLETT
Gabriel
Friede und Erfüllung. Unterscheidungsvermögen ✳
Page der Münzen

69 MAGENTA/KLAR
Klingende Glocke
Gereinigte Begierden. Antriebskraft der Liebe
✳ Zehn der Münzen

70 GELB/KLAR
Vision der Pracht
Lass Licht in den astralen Nebel scheinen
✳ Neun der Münzen

71 PINK/KLAR

2. Essener-Flasche, das Juwel im Lotos
Erhebung des Bewusstseins durch grenzenlose Macht der Liebe * Acht der Münzen

72 BLAU/ORANGE

Der Clown, Pagliacci
Nährung und Mitteilung der inneren emotionalen Bedürfnisse * Sieben der Münzen

73 GOLD/KLAR

Chang-Tsu
Weisheit aus der Tiefe des Selbst * Sechs der Münzen

74 HELLGELB/HELLGRÜN

Der Triumph
Gerechtigkeit durch Gleichgewicht
* Fünf der Münzen

75 MAGENTA/TÜRKIS

Mit dem Fluss gehen
Änderung der Perspektive. Gelegenheit, Dinge anders zu sehen * Vier der Münzen

76 PINK/GOLD

Vertrauen
Weisheit der Vergangenheit äußert sich in bedingungsloser Liebe. * Drei der Münzen

77 KLAR/MAGENTA

Der Kelch
Liebe und Licht manifestieren sich. Körperliche Vollendung * Zwei der Münzen

78 VIOLETT/TIEFMAGENTA

Kronen-Chakra-Notfallöl
Friedliebend und verlässlich
* Ass der Münzen

79 ORANGE/VIOLETT

Die Vogel-Strauß-Flasche
Möglichkeit einer tiefgreifenden Klärung
* Der Magier

80 ROT/PINK

Artemis
Energie zum Lieben und Auflösen. Eine Flasche zum Loslassen * Die Hohepriesterin

81 PINK/PINK

Liebe, die keine Bedingungen stellt
Mitfühlend und verstehend. Bedürfnis nach Liebe * Die Herrscherin

82 GRÜN/ORANGE

Calypso
Raum, sich mit der inneren Einsicht zu verbinden. Tiefe Seligkeit aus dem Herzen * Der Herrscher

83 TÜRKIS/GOLD
Sesam öffne dich
Von Herzen kommende Mitteilungen der Weisheit von früher ✳ Der Hierophant

84 PINK/ROT
Kerze im Wind
Mitgefühl für die innere Leidenschaft. Verlangen, für andere zu sorgen ✳ Die Liebenden

85 TÜRKIS/KLAR
Titania
Kommunikation der neuen Zeit. Innere Erleuchtung ✳ Der Wagen

86 KLAR/TÜRKIS
Oberon
Kanal für schöpferische Mitteilungen des Herzens; Inspiration ✳ Die Gerechtigkeit

87 KORALLE/KORALLE
Liebe-Weisheit
Weisheit auf allen Ebenen. Unerwiderte Liebe.Gegenseitige Abhängigkeit ✳ Der Eremit

88 GRÜN/BLAU
Der Jade-Herrscher
Kommunikation. Frieden durch Fühlen ✳ Das Rad des Schicksals

89 ROT/TIEFMAGENTA
Energie-Notfallöl
Zeitenwende ✳ Die Kraft

90 GOLD/TIEFMAGENTA
Weisheits-Notfallöl
Tiefe Klärung in Bezug auf uralte Weisheit ✳ Der Gehängte

91 OLIVGRÜN/OLIVGRÜN
Weibliche Führung
Herzenslektionen ✳ Der Tod

92 KORALLE/OLIVGRÜN
Gretel
Unabhängigkeit des Weiblichen. Zusammenarbeit statt Konkurrenz ✳ Die Mäßigkeit

93 KORALLE/TÜRKIS
Hänsel
Gemeinschaftliche Kommunikation von Liebe-Weisheit ✳ Der Teufel

94 HELLBLAU/HELLGELB
Erzengel Michael
Der höhere Wille begegnet dem persönlichen Willen. ✳ Der Turm

95 MAGENTA/GOLD

Erzengel Gabriel

Liebe von oben erfüllt den Stern.

✳ Der Stern

96 KÖNIGSBLAU/KÖNIGSBLAU

Erzengel Raphael

Das höhere Denken funktioniert. Nährend

✳ Der Mond

97 GOLD/KÖNIGSBLAU

Erzengel Uriel

Der Inkarnationsstern verbindet sich mit den Funktionen des höheren Denkens. ✳ Die Sonne

98 LILA/KORALLE

Erzengel Sandalphon

Umwandlung von Negativität auf allen Ebenen

✳ Das Gericht

99 HELLOLIVGRÜN/PINK

Erzengel Zadkiel

Ein Schritt in die Wasser des Lebens

✳ Die Welt

100 KLAR/TIEFMAGENTA

Erzengel Metatron

Licht in der Dunkelheit erhellt die Schatten.

101 HELLBLAU/HELLOLIVGRÜN

Erzengel Jophiel

Ich nähere mich dem Offenbaren des inneren Lichtes.

Literaturempfehlungen

Mike Booth, *Das Aura-Soma Handbuch,* Grafing: Aquamarin 2000

Irene Dalichow & Mike Booth, *Aura Soma. Heilung durch Farbe, Pflanzen- und Edelsteinenergie,* München: Droemer Knaur 1994, 2000

Mike Booth, *Aura-Soma Tarot,* Grafing: Aquamarin 1997

Das Aura-Soma Tarot, Grafing: Aquamarin 1997

Rudolf Steiner, *Das Künstlerische in seiner Weltmission (GA 276),* Dornach: Steiner [3]1982

Vicky Wall, *Aura-Soma. Das Wunder der Farbheilung und die Geschichte eines Lebens,* Freiburg: Nietsch 1998

Theo Gimbel, *Heilen mit Farben,* Aarau: AT 1994

Corinne Heline, *Sacred Science of Numbers,* DeVorss & Co 1981

Manley Palmer Hall, *Secret Teaching of All Ages. An Encyclopedic Outline of Masonic, Hermetic, Quabbalistic and Rosicrucian Symbolical Philosophy,* Los Angeles: The Philosophical Research Society 1978

David Allen Hulse, *The Key to it All (1). The Eastern Mysteries,* Llewellyn 2000

David Allen Hulse, *The Key to it All (2). The Western Mysteries,* Llewellyn 2000

Robert Wang, *The Quabalistic Tarot,* New York: Weiser 1987

John Foster Case, *Schlüssel zur ewigen Weisheit des Tarot,* Neuhausen: Urania 1992

Alice Burmeister & Tom Monte, *Heilende Berührung. Körper, Seele und Geist mit Jin Shin Jyutsu® behandeln,* München: Droemer Knaur [2]2000

Anne & Daniel Meurois-Givaudan, *Im Lande Kal. Der Weg der Essener,* München: Hugendubel [2]1994

Galaadriel Flammini & Robert Hasinger, *Aura-Soma – Der Weg von Licht & Farbe. Mit Anleitung für den Aura-Soma-Farblichtstrahler,* Grafing: Aquamarin 2001

Anmerkungen

1) Rudolf Steiner, *Das Künstlerische in seiner Weltmission (GA 276),* Dornach: Steiner ³1982 (S. 94)

2) Anne und Daniel Meurois-Givaudan, *Im Lande Kal. Der Weg der Essener,* München: Hugendubel ²1994

3) Aurajin-Kurs, Aura-Soma-Farblichtstrahler-Kurs und Produkte
Der von Carol Klesow konzipierte und unterrichtete *Aurajin-Kurs* ist erfahrungsbetont und widmet sich der Arbeit mit Farben und der dem Körper innewohnenden Weisheit, wobei Farbe aus einer Fülle von Perspektiven behandelt wird. Bei Interesse an der Durchführung eines Aurajin-Kurses oder an der Bestellung von Produkten und Büchern finden Sie nähere Details unter „Informationen" am Ende des Buches.
Der Erschließung der umfassenden Einsatzmöglichkeiten und -weisen des Aura-Soma-Farblichtstrahlers dient das von Galaadriel Flammini und Dr. Robert Hasinger konzipierte und vermittelte Aura-Soma-Farblichtstrahler-Training.
Literatur: Galaadriel Flammini & Robert Hasinger, *Aura-Soma. Der Weg von Licht & Farbe. Mit Anleitung für den Aura-Soma-Farblichtstrahler,* Grafing: Aquamarin 2001

4) „Tiefe" ist in diesem Zusammenhang ein Jin Shin Jyutsu-Begriff

Adressen

AURAJIN - RECOGNIZING SPIRIT IN MATTER-KURSE
Carol Klesow,
PO Box 73711
Davis, California 95617, USA
e-mail: aurajin@dcn.davis.ca.us
website: www.aurajin.com

AURA-SOMA-FARBLICHTSTRAHLER-KURSE
Galaadriel Flammini
Dr. Robert Hasinger
c/o Aura Soma
Via dei Serpenti, 137/139
00184 Roma
Telefon: 0039 064 890 7035
email: aura.soma@flashnet.it
website: beamerlightpen.ws

ANFRAGEN ZU JIN SHIN JYUTSU®:
ZERTIFIZIERTE KURSE, BÜCHER UND UNTERLAGEN:
Jin Shin Jyutsu, Inc®.
8719 East San Alberto
Scottsdale, Arizona 85258
602-998-9331

AURA-SOMA-KONTAKTADRESSEN:
Aura-Soma Products Limited,
South Road,
Tetford, Horncastle,
Lincolnshire LN9 6QB, England
Telefon: 0044(0)1507 533581
Fax: 0044(0)1507 533412
www.aura-soma.net

A.S.I.A.C.T.,
Dev Aura,
Little London, Tetford,
Lincolnshire LN9 6QL, England
Telefon: 0044(0)1507 533218
Fax: 0044(0)1507 533025
www.aura-soma.net
e-mail: info@asiact.org

Deutschland:
Aura-Soma-Zweigniederlassung
Helmut Darmstadt
Am See 7
83257 Gstad/Gollenshausen
Telefon: 08054 94 47
Fax: 08054 94 48

Schweiz:
Chrüter-Drogerie-Egger
Unterstadt 28
CH-2800 Schaffhausen
Telefon (+41) 5624 5030
Fax: (+41) 5624 6457

Österreich:
Aura-Soma Austria / Generalvertretung
Hanni Reichlin-Meldegg
Ailbergasse 45
A-1190 Wien
Telefon (+43) 1 3688 787
Fax (+43) 1 3681 968
www.aura-soma.at
e-mail: office@aura-soma.at

Hanni Reichlin-Meldegg

AURA-SOMA
UND FENG SHUI

Das Buch zeigt auf, wie sich die Aura-Soma Produkte auf wunderbare Weise eignen, die Gesetzmäßigkeiten des Feng Shui zu erfüllen oder zu ergänzen, um so Harmonie auf allen Ebenen des Lebens herzustellen. Ein wunderbares Arbeitsbuch, um die eigene Lebenswelt in Einklang mit inneren und äußeren Harmoniegesetzen zu bringen.

Gebunden, 144 Seiten
ISBN 3-89427-161-2

Mike Booth

DAS AURA-SOMA HANDBUCH

Die Bedeutung der Equilibrium-Flaschen, Pomander und Quintessenzen und ihre Einsatzfelder – von Mike Booth, dem Leiter von Aura-Soma England, ausführlich dargestellt. Durchgehend vierfarbig.

Gebunden, 144 Seiten
ISBN 3-89427-151-5

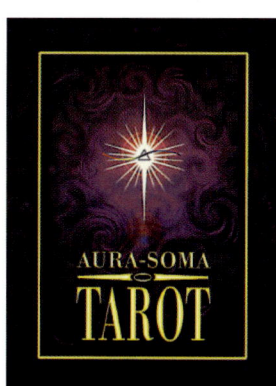

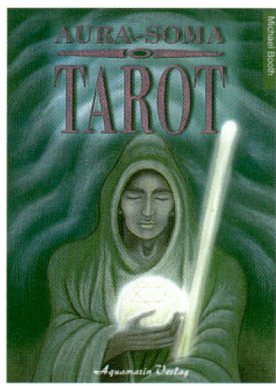

Mike Booth

DAS AURA-SOMA TAROT

Das Buch
Gebunden mit Schutzumschlag
ISBN 3-89427-093-4

Das Karten-Deck
farbig gestaltete Karten in Schmuckbox
ISBN 3-89427-092-6

Jenette Youngman

Die Aura-Soma-Karten

DIE FARBEN DES LEBENS

Eine praktische Zusammenfassung der wichtigsten Informationen zun den Aura-Soma Flaschen in Form von handlichen Karten. Mit Zuordnungen zum Lebensbaum und Tarot.

103 Karten in Schmuckbox
ISBN 3-89427-177-9

Christine Mill

AURA-SOMA FÜR KINDER
Ein Praxisbuch mit vielen nützlichen Ratschlägen, das in jeden Haushalt gehört, in dem Kinder aufwachsen.

Paperback, 140 Seiten
ISBN 3-89427-142-6

Galaadriel Flammini und Robert Hasinger

AURA-SOMA
Der Weg von Licht und Farbe
Ein praktisches Heilungs-buch, das unter anderem die Berührungspunkte von aura-Soma und anderen alternativen Heilmethoden erläutert. Die erste Veröf-fentlichung, die den Um-gang mit dem Aura-Soma-Light-beamer ausführlich erklärt.

Paperback, 260 Seiten
ISBN 3-89427-164-7

AURA-SOMA Literatur

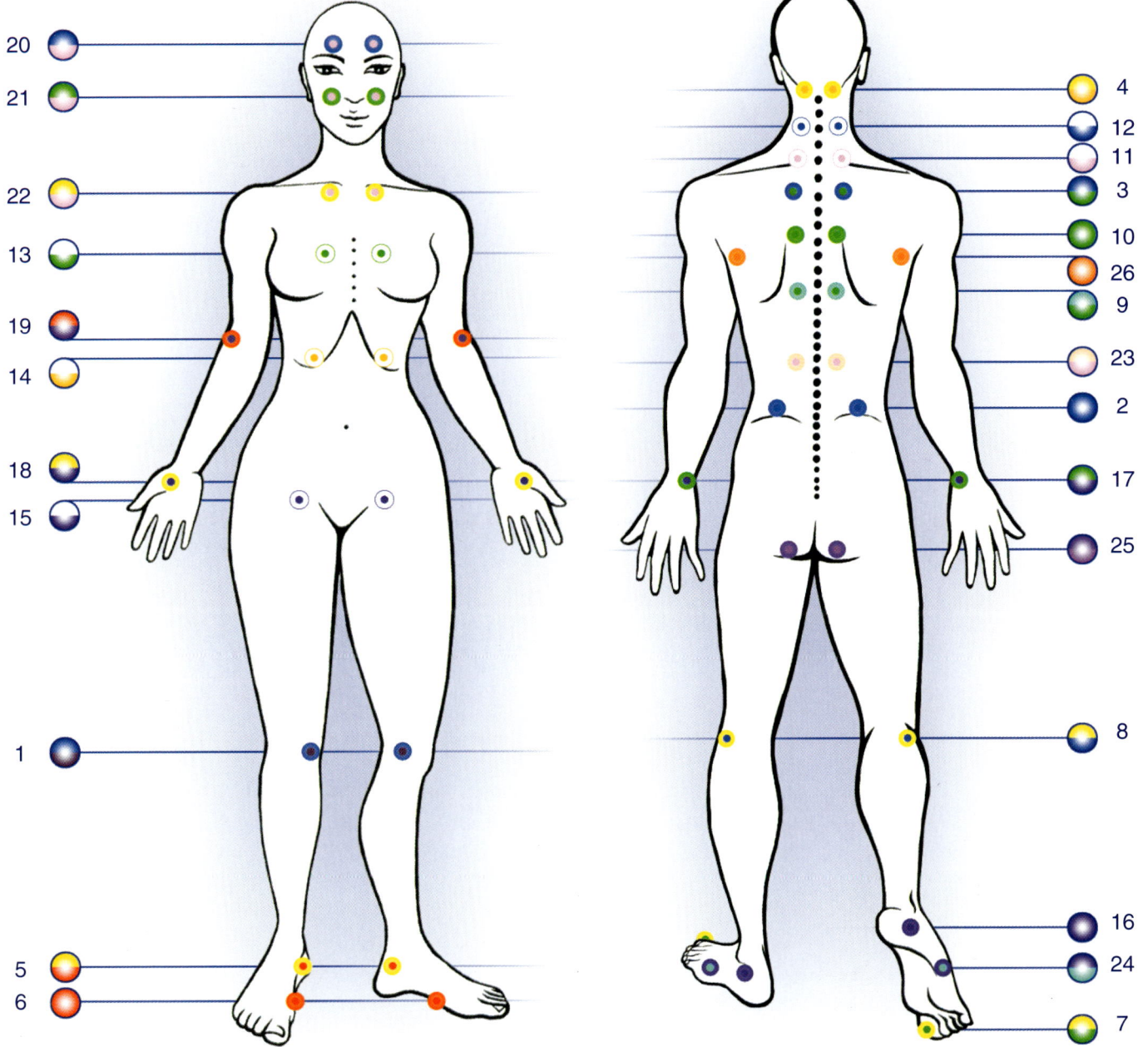

0
Königsblau
Tiefmagenta

1
Blau
Tiefmagenta

2
Blau
Blau

3
Blau
Grün

4
Gelb
Gold

10
Grün
Grün

11
Klar
Pink

12
Klar
Blau

13
Klar
Grün

19
Rot
Rotviolett

20
Blau
Pink

21
Grün
Pink

22
Gelb
Pink

28
Grün
Rot

29
Rot
Blau

30
Blau
Rot

31
Grün
Gold

37
Violett
Blau

38
Violett
Grün

39
Violett
Gold

40
Rot
Gold

46
Grün
Magenta

47
Königsblau
Zitronengelb

48
Violett
Klar

49
Türkis
Violett

55
Klar
Rot

56
Hellviolett
Hellviolett

57
Hellpink
Hellblau

58
Hellblau
Hellpink

64
Smaragdgrün
Klar

65
Violett
Rot

66
Hellviolett
Hellpink

67
Magenta
Magenta

73
Gold
Klar

74
Hellgelb
Hellgrün

75
Magenta
Türkis

76
Pink
Gold

82
Grün
Orange

83
Türkis
Gold

84
Pink
Rot

85
Türkis
Klar

91
Oliv
Oliv

92
Koralle
Oliv

93
Koralle
Türkis

94
Hellblau
Hellgelb

100
Klar
Tiefmagenta

101
Hellblau
Helloliv

AURA-SOMA: Zahlen und Farbentsprechungen

5 Gelb Tiefmagenta	**6** Rot Tiefmagenta	**7** Gelb Blau	**8** Gelb Grün	**9** Türkis Gold
14 Klar Gold	**15** Klar Violett	**16** Violett Violett	**17** Grün Violett	**18** Gelb Violett
23 Rosenpink Pink	**24** Violett Türkis	**25** Rotviolett Magenta	**26** Orange Orange	**27** Rot Grün
32 Königsblau Gold	**33** Königsblau Türkis	**34** Pink Türkis	**35** Pink Violett	**36** Violett Pink
41 Gold Gold	**42** Gelb Gelb	**43** Türkis Türkis	**44** Hellviolett (Flieder) Hellblau	**45** Türkis Magenta
50 Hellblau Hellblau	**51** Hellgelb Hellgelb	**52** Hellpink Hellpink	**53** Hellgrün Hellgrün	**54** Klar Klar
59 Hellgelb Hellpink	**60** Blau Klar	**61** Hellpink Hellgelb	**62** Helltürkis Helltürkis	**63** Smaragdgrün Hellgrün
68 Blau Violett	**69** Magenta Klar	**70** Gelb Klar	**71** Pink Klar	**72** Blau Orange
77 Klar Magenta	**78** Violett Tiefmagenta	**79** Orange Violett	**80** Rot Pink	**81** Pink Pink
86 Klar Türkis	**87** Koralle Koralle	**88** Grün Blau	**89** Rot Tiefmagenta	**90** Gold Tiefmagenta
95 Magenta Gold	**96** Königsblau Königsblau	**97** Gold Königsblau	**98** Lila Koralle	**99** Helloliv Pink

AURAJIN

Aura-Soma
und die Energiepunkte des Körpers

Nr.	Farben	Bedeutung
0	Königsblau / Tiefmagenta	Spirituelles Notfallöl – Oval – Grenzenlos und vollständig
1	Blau / Tiefmagenta	Körperliches Notfallöl – Der Urbeweger – Verbindet extreme Höhe mit extremer Tiefe
2	Blau / Blau	Friedensflasche – Weisheit – Lebenskraft für alle Geschöpfe
3	Blau / Grün	Die Atlanter-Flasche/Herzflasche – Die Tür zum Verständnis – Trinität
4	Gelb / Gold	Sonnenflasche/Sonnenlicht – Intelligenz messen – „Das Fenster"
5	Gelb / Rot	Sonnenaufgang/Sonnenuntergang – Erneuerung – Legt das Alte ab und nimmt das Neue an
6	Rot / Rot	Energie- und Erdungsflasche – Gleichgewicht – Unterscheidungsvermögen
7	Gelb / Grün	Der Garten von Gethsemane – Sieg – Vollendete Lebenskraft
8	Gelb / Blau	Anubis – Rhythmus – Stärke und Frieden
9	Türkis / Grün	Die Kristallhöhle/Das Herz im Herzen – Das Ende eines Zyklus ist der Beginn eines neuen
10	Grün / Grün	Geh, umarme einen Baum – Luft, grenzenlose Lebenskraft
11	Klar / Pink	Eine Kette aus Blüten/1. Essener-Flasche – Gerechtigkeit – Abladen überflüssigen Gepäcks
12	Klar / Blau	Friede in der neuen Zeit – Nicht mein Wille, sondern dein Wille
13	Klar / Grün	Veränderung in der neuen Zeit – Fruchtbarkeit – Liebe deine Feinde
14	Klar / Gold	Weisheit in der neuen Zeit – Gleichgewicht – Ausdauer
15	Klar / Violett	Heilung im Neuen Zeitalter – Reinige unsere Herzen mit Lachen
16	Violett / Violett	Das violette Gewand – Basis und Fundament aller menschlichen Aktivität – Umwandlung
17	Grün / Violett	1. Troubadour-Flasche/Hoffnung – Fortpflanzungsenergie – Entspannung von Denken und Nerven
18	Gelb / Violett	1. Ägypter-Flasche/Wendepunkt – Körperbewusstsein – Funktionen, die die menschliche Persönlichkeit beeinflussen
19	Rot / Rotviolett	In der materiellen Welt leben – Kraftvolle Selbstbeherrschung – Vollkommenes Gleichgewicht
20	Blau / Pink	Sternenkind/Kinder-Notfallöl – Ewigkeit
21	Grün / Pink	Neubeginn für die Liebe – Tiefe Sicherheit – Freiheit von geistiger und weltlicher Gefangenschaft
22	Gelb / Pink	Rebirther-Flasche/Erwachen – Vollständigkeit – Sammeln und Verteilen
23	Rosenpink / Pink	Liebe und Licht – Wächter des menschlichen Schicksals
24	Violett / Türkis	Neue Botschaft – Verständnis – Chaos harmonisieren und beilegen
25	Rotviolett / Magenta	Florence Nightingale/Rekonvaleszenz-Flasche – Stilles Erneuern
26	Orange / Orange	Schock-Flasche – Vollständigkeit – Was war, ist und sein wird